Cycle 3

Enseignement moral et civique

Pierre Hess

RETZ
editions-retz.com

Sommaire

ISBN : 978-2-7256-4068-6

Introduction

Tout au long des trois dernières décennies, dans la plupart des classes, et quels qu'aient été les instructions, programmes, orientations pédagogiques, l'éducation civique et morale a principalement été cantonnée aux « **règles de vie de la classe** ».

« Un enseignement moral et civique à heure fixe, avec un programme préétabli, ça n'a pas de sens. Moi, je pars de ce que les élèves vivent en classe et de l'actualité. »

Ce type de discours fait en général largement consensus. Il est vrai que les enseignants sont souvent démunis, et qu'ils ne disposent guère de tradition pédagogique de référence. C'est pourquoi ils ont souvent tendance à s'abriter derrière leur manque de formation ou leur « incompétence », derrière l'interdiction de « faire de la politique » à l'école, derrière les réminiscences de cet enseignement façon XIXe siècle, ou derrière le spectre d'une implication de leur propre subjectivité, pour affirmer que leur rôle doit se limiter à « l'instruction » au détriment de « l'éducation » (à laquelle feu le ministère de « l'Instruction publique » avait accordé la priorité).

C'est avant tout d'outils et d'appuis qu'ils ont besoin, pour **démystifier et dédramatiser l'enseignement moral et civique**, fréquemment considéré comme anxiogène, et en explorer toute la richesse.

Car, pour enseigner la morale et le civisme, peut-on se contenter, au petit bonheur, des prétextes qu'offrent parfois « l'actualité » ou des conflits au sein des cours de récréation pour « faire la leçon » aux élèves ?

Certes, des leçons de morale peuvent quelquefois aider à résoudre des problèmes relatifs au « vivre ensemble » qui surgissent en classe ou à réfléchir sur des questions qui font la une des médias, mais le plus souvent **une distance est nécessaire entre le quotidien et la réflexion morale** ; il est en général préférable d'étayer celle-ci par des exemples et des situations quelque peu éloignés du vécu immédiat.

Dans quelle autre matière se satisferait-on des aléas de la vie extrascolaire pour introduire des concepts clés ? **Au nom de quoi l'enseignement moral et civique échapperait-il aux exigences d'une progression bien pensée ?** À l'évidence, il est de bonne pédagogie de s'appuyer sur « l'actualité ». Mais les élèves seront-ils aptes à en saisir les enjeux aux moments où ils apparaitront si on ne les y a pas préparés de manière un tant soit peu organisée et méthodique ?

Pour répondre à ces exigences, cet ouvrage propose aux enseignants de cycle 3 une approche théorique et une approche pratique de l'enseignement moral et civique. Il est agrémenté de documents d'étude, de fiches activités et de fiches évaluations, disponibles en téléchargement.

D'immenses enjeux éducatifs et sociaux

Un préalable : faire le point sur quelques notions, en tant qu'adulte

Il n'est pas nécessaire d'être juriste, économiste, philosophe, psychologue ni historien pour enseigner la morale et le civisme. Mais aucun domaine du savoir ne peut être exclu du champ de réflexion de cet enseignement, ouvert sur une multitude de possibles qui tentent de répondre à la nécessité, pour l'homme, de s'organiser afin de vivre en harmonie avec autrui.

Force est de constater que les connaissances des adultes, en matière de droit, sont en général très limitées. Ceci n'est pas surprenant puisque cette matière, durant des décennies, n'a été enseignée sérieusement (demi-heure hebdomadaire d'ECJS au lycée mise à part) en France que dans le supérieur, à l'intention d'une petite partie de la population seulement, ce qui d'ailleurs interroge, dans un pays démocratique. En effet, d'une part cela met la plupart des citoyens dans une situation de dépendance à l'égard d'une petite minorité de spécialistes, y compris pour des actes ordinaires de la vie, d'autre part et surtout il s'agit d'un savoir qui concerne les fondements de l'organisation de toute société.

Or, pour les enseignants, le recours à la pensée juridique, fondée sur l'argumentation et la contradiction, ainsi que la maitrise de quelques notions de droit sont fort utiles, notamment pour animer ou guider des débats, pour jalonner la réflexion, parfois pour aider à résoudre des problèmes, et pour fournir aux élèves quelques repères et les initier à leur tour à des notions juridiques élémentaires.

On ne saurait pour autant **confondre « droit » et « morale »**, et la confrontation de ces deux domaines est souvent riche d'enseignements sur le fonctionnement d'une société.

Faire le point sur ses connaissances

Le questionnaire et les commentaires proposés ci-dessous s'adressent aux adultes. Ils sont destinés à lutter contre quelques idées reçues, à lever de nombreuses ambigüités, à éviter des amalgames hâtifs, à clarifier plusieurs concepts et notions, et à offrir aux enseignants quelques réflexions d'ordre historique, sociologique et juridique.

→ Ces affirmations sont-elles vraies ou fausses ?

n°	Affirmations	VRAI ou FAUX
1	Lors d'une sortie scolaire, si un accident est dû à une imprudence ou à une négligence de la part d'un enseignant, celui-ci ne comparaitra pas devant un tribunal, car c'est l'État qui substituera sa responsabilité à celle de l'enseignant.	
2	Tout mensonge est un délit, qui relève du tribunal correctionnel.	
3	Toute relation incestueuse constitue un crime, qui relève de la cour d'assises.	
4	Monsieur M..., professeur des écoles, a dit à ses élèves que les croyances concernant les Dix Commandements existaient dans la religion juive (le judaïsme) et dans la religion chrétienne (le christianisme) ; il a dit aussi que le Ramadan et le Carême étaient des périodes de jeûne, respectivement dans les religions musulmane et chrétienne. Monsieur M... a eu tort, car il est interdit de parler de religion dans le cadre de l'école française, qui est laïque.	
5	Un enseignant a expliqué à ses élèves les vertus de la démocratie et du suffrage universel, ce que lui reproche avec véhémence le père de l'un d'eux, persuadé « qu'un pouvoir personnel fort est préférable à un pouvoir populaire faible ». Cet enseignant a commis une faute, car au nom de ses convictions personnelles il a bafoué l'obligation de neutralité inhérente à sa fonction.	
6	En France, le maire est élu par les conseillers municipaux ; il n'est pas élu au suffrage universel.	
7	En 1789, les révolutionnaires ont clairement manifesté, comme avant eux les philosophes au cours du XVIIIe siècle, leur souhait de renverser la monarchie et de faire guillotiner le roi, afin que la république puisse être proclamée.	
8	Une république est démocratique, car le président est élu par le peuple, alors que dans une monarchie le roi (ou la reine) dispose d'un pouvoir absolu.	
9	La laïcité n'est ni favorable ni hostile aux religions ; elle n'est pas une conviction mais le principe qui garantit la liberté de conscience de chacun.	
10	Il vaut parfois mieux refuser une augmentation de salaire, afin de ne pas passer dans une tranche supérieure de revenu imposable.	

Réponses, prolongements et commentaires

Les commentaires figurant ci-dessous permettront de fournir ou de préciser des connaissances, notamment aux plans historique et juridique ; plusieurs d'entre eux sont centrés sur des préoccupations relatives à la déontologie du métier d'enseignant.

1	Lors d'une sortie scolaire, si un accident est dû à une imprudence ou à une négligence de la part d'un enseignant, celui-ci ne comparaitra pas devant un tribunal, car c'est l'État qui substituera sa responsabilité à celle de l'enseignant.	FAUX

L'État peut substituer sa responsabilité civile à celle d'un fonctionnaire, et prendre en charge les dommages-intérêts à verser à d'éventuelles victimes, mais en aucun cas il ne se peut agir de responsabilité pénale, laquelle demeure toujours personnelle. Or la négligence et l'imprudence sont des fautes, au sens pénal du terme.

De la même manière, une assurance peut substituer sa responsabilité civile à celle de l'assuré, mais nul ne peut substituer sa responsabilité pénale à celle de quiconque. C'est pourquoi, par exemple, on ne peut pas se faire assurer contre les amendes occasionnées par le stationnement interdit, qui relèvent du droit pénal.

2	Tout mensonge est un délit, qui relève du tribunal correctionnel.	FAUX

Cette question permet de s'interroger sur les différences entre la morale et le droit : dès l'âge de trois ou quatre ans, la plupart des enfants apprennent que « ce n'est pas bien de mentir » ; or, en droit français, le mensonge n'est considéré comme un délit, et réprimé à ce titre, que dans quelques cas très limités : mensonge sous serment, publicité mensongère, faux témoignage, fausse déclaration, diffamation ; cela signifie que dans les autres cas, il est autorisé, avec toutes les conséquences (par exemple commerciales) que cela peut avoir.

3	Toute relation incestueuse constitue un crime, qui relève de la cour d'assises.	FAUX

Il s'agit là, comme pour le mensonge, d'un exemple qui met en lumière la différence entre la morale et le droit : l'interdit de l'inceste passe en général dans notre société pour l'exemple par excellence d'interdit universel (censé illustrer l'existence d'une prétendue morale universelle), cette réalité étant censée transcender les lieux, les époques et les cultures ; or non seulement les exceptions à une telle façon de concevoir cet interdit sont assez nombreuses à la surface de la planète, mais encore l'inceste est autorisé en droit français : s'il s'agit de relations entre des personnes ne pouvant pas se marier en raison de leurs liens familiaux (frère et sœur par exemple), mais majeures et consentantes, elles ne tombent pas sous le coup de la loi en France (il n'en va pas de même dans un certain nombre de pays européens, notamment anglo-saxons), quelle que soit l'ampleur de la réprobation sociale qu'elles pourront engendrer.

Bien entendu, s'il ne s'agit pas de relations consenties, ou si une victime mineure est impliquée, on est en présence d'un abus sexuel, qui est un crime, dont le caractère incestueux peut constituer une circonstance aggravante.

Remarque : Des contradictions entre morale et droit affectent fréquemment aussi la gestion de conflits dans le quotidien scolaire, une approche distanciée et juridique ayant difficilement raison de sentiments spontanés d'injustice ressentis par les enfants, comme le montre l'exemple suivant donné en prolongement.

Prolongement :

Supposons qu'un élève A profère une injure à l'encontre d'un élève B, que B réagisse en donnant un coup de pied à A, et que le maitre donne une punition à B :

- selon la morale enfantine, « c'est A qui a commencé », c'est donc A qui porte toute la faute, si bien que la punition infligée à B apparait comme une injustice ;
- selon le droit,
  - nul ne peut faire justice à soi-même ; or, en frappant A, B agit en justicier ;
  - la notion de « justice » est incompatible avec celle de « vengeance » personnelle ;
  - les propos injurieux sont condamnables et justifient une sanction, mais on ne peut être juge et partie ; si B décide que le coup de pied constitue une « sanction » destinée à « réparer » l'injure, il s'érige en juge, alors qu'il est victime d'une faute (injure), et devient ainsi l'auteur d'une autre faute, plus grave (coups et blessures) ;
  - la justice doit être rendue par des personnes qui ne sont pas impliquées directement dans le conflit : pour « coups et blessures », une sanction a été prononcée par le maitre, qui représente l'autorité au sein de la classe ;
  - la victime ne retire aucun bénéfice personnel de la sanction lorsqu'il s'agit d'un fonctionnement pénal (c'est dans le cadre d'un litige relevant du droit civil que le préjudice subi par la victime peut être compensé par des dommages-intérêts) : une peine – la punition donnée à l'élève B – est infligée par la société (représentée en l'occurrence par le maitre) à l'auteur d'une faute.

Sur le plan juridique, un tel incident scolaire s'analyse de la même façon que la célèbre scène dans laquelle un footballeur français, répondant par un geste violent (le fameux « coup de boule ») à une insulte que lui avait adressée un joueur italien, a été sommé de quitter le terrain : ni les règles du jeu ni la loi n'ont pu justifier une telle réaction, quel qu'ait été le caractère moralement inadmissible de l'insulte proférée.

4	Monsieur M..., professeur des écoles, a dit à ses élèves que les croyances concernant les Dix Commandements existaient dans la religion juive (le judaïsme) et dans la religion chrétienne (le christianisme) ; il a dit aussi que le Ramadan et le Carême étaient des périodes de jeûne, respectivement dans les religions musulmane et chrétienne. Monsieur M... a eu tort, car il est interdit de parler de religion dans le cadre de l'école française, qui est laïque.	FAUX

L'école française est laïque, ce qui interdit tout prosélytisme religieux : les enseignants n'ont pas le droit de faire état de leurs propres croyances devant leurs élèves ; mais rien ne leur interdit d'évoquer des faits religieux en classe ; parmi ces faits figurent des croyances et des pratiques ; Monsieur M... a pris la précaution de ne pas parler d'une seule religion, mais d'évoquer les trois principales religions monothéistes actuelles, et de montrer quelques points de convergence entre elles. On ne peut pas lui reprocher d'avoir orienté son enseignement de manière partiale.

Remarque : Interdit en France dans le cadre de l'école et de tout service public, le prosélytisme ne l'est pas hors de ce cadre, à condition bien entendu qu'il ne s'accompagne pas de harcèlement ni de violence.

5	Un enseignant a expliqué à ses élèves les vertus de la démocratie et du suffrage universel, ce que lui reproche avec véhémence le père de l'un d'eux, persuadé « qu'un pouvoir personnel fort est préférable à un pouvoir populaire faible ». Cet enseignant a commis une faute, car au nom de ses convictions personnelles il a bafoué l'obligation de neutralité inhérente à sa fonction.	FAUX

Quelle que soit l'opinion du père d'élève en la matière, les valeurs sur lesquelles le professeur s'est appuyé sont celles qui figurent dans notre Constitution, ainsi que dans la Déclaration universelle des Droits de l'Homme[1], et ne peuvent être considérées comme l'expression de positions personnelles ou l'exaltation de choix subjectifs ; ce sont des valeurs qui font l'objet d'une reconnaissance officielle par notre société (et par d'autres sociétés également), et qui constituent en quelque sorte le ciment de la nation.

1. Article 21 :

1. Toute personne a le droit de prendre part à la direction des affaires publiques de son pays, soit directement, soit par l'intermédiaire de représentants librement choisis.

2. Toute personne a droit à accéder, dans des conditions d'égalité, aux fonctions publiques de son pays.

3. La volonté du peuple est le fondement de l'autorité des pouvoirs publics ; cette volonté doit s'exprimer par des élections honnêtes qui doivent avoir lieu périodiquement, au suffrage universel égal et au vote secret ou suivant une procédure équivalente assurant la liberté du vote.

6	En France, le maire est élu par les conseillers municipaux ; il n'est pas élu au suffrage universel.	FAUX

Le maire est en effet élu par les conseillers municipaux, mais il n'en est pas moins élu au suffrage universel, indirect bien entendu.

Le contraire du suffrage universel n'est pas le suffrage indirect, mais le suffrage restreint.

Remarque : si l'affirmation qui figure ci-dessus était exacte, nous ne serions pas en démocratie : en vertu de l'article 3 de la Constitution, « Le suffrage peut être direct ou indirect ; il est toujours universel, égal et secret. »

7	En 1789, les révolutionnaires ont clairement manifesté, comme avant eux les philosophes au cours du XVIIIe siècle, leur souhait de renverser la monarchie et de faire guillotiner le roi, afin que la république puisse être proclamée.	FAUX

En 1789, l'évolution vers un fonctionnement démocratique des institutions ne passait pas inéluctablement par la mort du roi. La phrase ci-dessus est l'expression :

- d'une confusion entre refus de l'absolutisme et refus de la monarchie ;
- d'une confusion entre aspiration démocratique et aspiration républicaine ;
- d'une ignorance de la chronologie, puisque la Première République a été proclamée en France en 1792, alors que le roi n'a été exécuté qu'en 1793 ; la suppression de la personne du roi n'était donc pas une condition de l'avènement de la république ;
- d'une ignorance de l'évolution des liens entre le peuple et le roi : jusqu'à l'épisode de Varennes, en juin 1791 (au cours duquel Louis XVI est apparu comme un traitre, tentant de fuir son pays pour s'allier à des souverains étrangers contre le peuple français révolutionnaire), la monarchie n'était guère remise en cause en France, nul ne songeait à s'en prendre à la personne du roi ; en revanche, la monarchie absolue faisait l'objet de critiques de plus en plus vives.

Des philosophes tels que Voltaire ou Diderot ont plaidé pour la suppression de la monarchie absolue, mais pas pour celle de la monarchie, encore moins pour celle du roi ou de la famille royale.

En abordant la réflexion historique non sous l'angle conventionnel du déroulement chronologique des faits passés, mais sous celui de **« l'histoire fiction »**, on est en droit de se poser la question suivante : si l'épisode de Varennes n'avait pas eu lieu, sous quel régime vivrions-nous peut-être aujourd'hui ?

Un raisonnement par analogie (avec l'évolution de pays comparables au nôtre) permet d'envisager que la France pourrait éventuellement être encore une monarchie, mais très vraisemblablement pas une monarchie absolue (elle ne l'était déjà plus au moment de l'épisode de Varennes, et de toute façon cela serait contraire à l'évolution de l'Histoire en Europe).

8	« Une république est démocratique, car le président est élu par le peuple, alors que dans une monarchie le roi (ou la reine) dispose d'un pouvoir absolu. »	FAUX

On ne manque pas d'exemples (en Europe notamment) de monarchies démocratiques ; le monarque n'a guère de pouvoir, mais il incarne la continuité de l'État. Par ailleurs, s'il est vrai que dans une république le pouvoir est censé appartenir au peuple, il y a dans le monde de nombreux pays qui se proclament « républiques » et dans lesquels règne une véritable dictature.

9	La laïcité n'est ni favorable ni hostile aux religions ; elle n'est pas une conviction mais le principe qui garantit la liberté de conscience de chacun.	VRAI

Contrairement à une idée reçue, la laïcité n'est pas un choix personnel ni une croyance. C'est un système qui protège la liberté de conscience de chaque individu. La confusion entre « laïcité » et « outil antireligieux » est un contre sens : la laïcité ne s'oppose pas aux religions, elle s'oppose au pouvoir hégémonique d'une religion et à l'intolérance.

10	Il vaut parfois mieux refuser une augmentation de salaire, afin de ne pas passer dans une tranche supérieure de revenu imposable.	FAUX

Lorsqu'on accède à une tranche d'imposition supérieure, le taux (plus élevé) d'imposition ne concerne que la part des revenus qui dépasse le seuil d'accès à la tranche supérieure en question, et non la totalité des revenus.

Un tel fonctionnement (imposition par tranches, dont le taux est progressif en fonction des revenus) est plus favorable aux plus démunis qu'une imposition proportionnelle aux revenus.

Remarque : En France, parmi les recettes de l'État, la part qui provient des impôts sur le revenu est bien moindre que celle qui provient des impôts indirects (TVA notamment), lesquels sont proportionnels à la valeur des biens et services achetés, indépendamment des revenus (l'imposition indirecte est donc plus durement ressentie par les moins fortunés).

Face aux dilemmes économiques, aux alternatives fiscales qui se posent effectivement aux décideurs, les pays européens n'apportent pas des solutions identiques ; ainsi, en Suède, le principal impôt sur le revenu est communal et proportionnel au revenu : pour une commune donnée, le taux de proportionnalité est fixe, quels que soient les revenus des contribuables.

Comment éviter confusions et amalgames

Les valeurs républicaines

Valeurs : La morale enseignée à l'école est une morale civique en lien étroit avec les principes et les valeurs de la citoyenneté républicaine et démocratique. Ces valeurs sont la liberté, l'égalité, la fraternité, la laïcité, la solidarité, l'esprit de justice, le respect et l'absence de toutes formes de discriminations.[2]

La notion de « valeurs républicaines » fait l'objet de nombreux amalgames qui nécessitent quelques mises au point conceptuelles :

- Ces valeurs ne se limitent pas aux trois d'entre elles qui constituent notre devise républicaine : « liberté, égalité, fraternité ».
- Ni la République, ni les républiques n'ont l'apanage de ces valeurs ; d'autres systèmes démocratiques existent, qu'on ne peut ni mépriser ni ignorer ; les exemples sont nombreux, en particulier dans des pays de l'Europe du Nord actuelle.
- La « laïcité », en tant que garante de la liberté de conscience de chacun et de l'égalité de tous devant la loi, quelles que soient les appartenances religieuses et les croyances, est largement partagée au sein des démocraties modernes.
- Mais la laïcité telle qu'elle est pratiquée dans la majeure partie du territoire français, avec notamment ses implications concernant l'école et les services publics, constitue une singularité en Europe[3] ; elle s'explique par des raisons historiques et sociologiques ; c'est dans notre pays une valeur républicaine fondamentale, mais souvent mal comprise, comme en témoignent ces anecdotes :

Il y a quelques décennies, une institutrice disait à son inspecteur qu'elle allait à la messe tous les dimanches. « Votre franchise vous honore », lui répondit-il, confondant ainsi « laïcité » et « anticléricalisme ».

---

2. *Programme d'enseignement moral et civique pour l'école élémentaire et le collège (cycles 2, 3 et 4)*, Bulletin officiel de l'Éducation nationale spécial n° 6 du 25 juin 2015.

3. Voir : Régis Debray, *L'Enseignement du fait religieux dans l'école laïque – Rapport au ministre de l'Éducation nationale*, Odile Jacob, Scérén, 2002, pages 44 à 46 ; voir *infra*, *Des croyances multiples*.

Persuadé que, compte tenu de la nature de ses convictions, il pouvait en faire état devant ses élèves, un professeur des écoles disait récemment : « Moi, y'a pas de souci, je suis athée », confondant ainsi « laïcité » et « athéisme ».

• Contrairement à une idée reçue, « liberté » et « égalité », qui à force d'être évoquées ensemble donnent l'illusion d'être indissociablement liées par d'évidentes convergences, fonctionnent en grande partie en raison inverse l'une de l'autre ; une société fondée sur une liberté presque sans limite renoncerait à l'égalité, et inversement ; or toute la beauté de notre devise républicaine ne repose-t-elle pas sur cette dialectique qui nous fait ériger en objectif l'égalité entre les hommes tout en affichant notre attachement à la liberté, même si cela comporte une part irréductible d'utopie ?

• Le fait d'énoncer « liberté, égalité, fraternité » n'implique pas que nous soyons en France libres, égaux et fraternels. Il s'agit d'une aspiration, et non d'une définition de notre fonctionnement national.

• Aussi curieux que cela puisse paraitre, la notion de « sacré » n'est pas absente des textes fondateurs dont se réclame la République : « La propriété étant un droit inviolable et sacré, nul ne peut en être privé, si ce n'est lorsque la nécessité publique, légalement constatée, l'exige évidemment, et sous la condition d'une juste et préalable indemnité »[4]. C'est sans ambigüité que les révolutionnaires exprimaient ainsi que la société, jusque-là inégalitaire au plan juridique, était désormais fondée sur « l'égalité en droit », mais aussi sur la propriété en tant que valeur.

L'enseignement des faits religieux

Lorsqu'il s'agit de questions d'ordre technique, même complexes, par exemple relatives au fonctionnement des institutions, les obstacles didactiques ne paraissent en général pas insurmontables. Mais lorsqu'il s'agit d'aborder avec les élèves des questions essentielles, celles-ci sont avant tout ressenties comme anxiogènes, si bien que les résistances, souvent implicites, sont nombreuses.

Maitresse, c'est vrai que Dieu n'existe pas ?
– Et toi, qu'est-ce que tu en penses ?

Maitre, on va où quand on est mort ?
– Il faudra que tu poses cette question à tes parents (lesquels, bien entendu, connaissent la réponse…).

Il n'est pas question de nier le caractère quelquefois délicat des situations engendrées par de telles questions. Mais rien n'oblige l'enseignant à répondre immédiatement à une question qui le met mal à l'aise ; il peut se donner le temps de la réflexion, et différer ses explications de quelques heures ou de quelques jours.

4. Déclaration des Droits de l'Homme et du Citoyen (1789), article 17.

En revanche, il est essentiel de prendre conscience de l'importance des innombrables questions d'ordre religieux, métaphysique, philosophique que se pose l'enfant, comme l'humanité tout entière. Des « questions sans réponse », pour reprendre la formule de Saint-Exupéry.[5]

Et il est essentiel de ne pas laisser l'enfant seul face à ces interrogations fondamentales. De ne pas s'abriter derrière le « respect de la laïcité » ou la peur des réactions des parents d'élèves pour esquiver les réponses auxquelles l'enfant a droit. Mais de lui fournir des éléments de connaissance relatifs à quelques réponses apportées par l'humanité à de telles interrogations.

Le rapport de l'Inspection générale de l'Éducation nationale intitulé « Bilan de la mise en œuvre des programmes issus de la réforme de l'école primaire de 2008 » mentionne parmi les causes de désaffection de l'éducation civique et morale « l'image désuète, voire négative de la morale et la crainte nouvelle, mais soulignée à plusieurs reprises, de rencontrer des difficultés avec des familles, hostiles ou éloignées de tout enseignement moral, parfois sur des bases religieuses ».[6] C'est pourquoi il est indispensable de préciser les droits et les devoirs de l'école envers les élèves.

Beaucoup d'enseignants pensent qu'ils n'ont pas le droit de « parler de religion à l'école », confondant enseignement et prosélytisme : il n'est bien sûr pas question d'enseigner la religion, mais une approche (principalement sociologique) des religions fait partie des apprentissages dont la privation chronique expose l'élève à une ignorance grave en termes de culture générale et de compréhension de l'homme.

> Au musée, un collégien devant une Vierge de Botticelli :
> – Qui c'est, cette meuf ?[7]

À condition de préciser, par exemple, « Selon la croyance musulmane… » ou « D'après la Bible, que les chrétiens considèrent comme un livre saint… », rien n'empêche d'expliquer ce qui concerne les religions ; c'est non seulement un droit, mais un devoir de ne pas maintenir les élèves dans l'ignorance à ce sujet : étudier l'architecture des églises et des cathédrales, c'est bien ; indiquer aux élèves les fonctions de ces édifices (lieux de prière, de cérémonies et d'offices religieux, etc.), c'est indispensable.

Il n'est pas nécessaire d'avoir une formation spécifique ni les connaissances d'un spécialiste pour fournir des éléments dans ce domaine.

Lorsqu'on aborde les questions relatives aux croyances, à la mort, au divin, il est important :

• de ne pas se limiter à notre sphère géographique et culturelle : ainsi par exemple, en termes quantitatifs (ce critère n'a évidemment aucun lien avec la validation d'une quelconque « vérité », mais il n'est pas sans intérêt dans le cadre d'une approche sociologique), la croyance en la réincarnation est l'une des plus répandues (religion hindouiste notamment) ;

---

5. Antoine de Saint-Exupéry, *Terre des Hommes*, Gallimard, 1939, Collection Folio, 1995, page 21.

6. Rapport n° 2013-066, juin 2013, pages 70-71.

7. Régis Debray, *L'Enseignement du fait religieux dans l'école laïque - Rapport au ministre de l'Éducation nationale*, Odile Jacob, Scérén, 2002, pages 15-16.

• de ne pas passer sous silence l'existence de l'athéisme et de l'agnosticisme, car ces croyances qui concernent des centaines de millions d'hommes sont ignorées par de nombreux élèves, en particulier dans des régions du monde où la loi civile et la loi religieuse se superposent (par exemple celles où les tribunaux appliquent la charia), et où il est inconcevable de ne pas avoir de religion ou d'avoir droit au doute dans ce domaine ;

• de mettre en évidence des convergences entre diverses religions, en particulier lorsqu'il s'agit de religions entre lesquelles les rapports ne sont souvent perçus que comme conflictuels : faire prendre conscience aux élèves que les croyances juive, chrétienne et musulmane dans le paradis, voire l'enfer, se rejoignent assez largement, c'est, entre autre, les initier à la tolérance ;

• d'évoquer aussi des croyances aujourd'hui disparues, du moins dans leur forme originelle : ainsi, dans l'antiquité grecque, on se représentait le monde terrestre comme entourant celui des enfers et séparé de celui-ci par une rivière, le Styx, que l'on traversait sur une barque conduite par Caron ;

> Il faut passer, tôt ou tard, il faut passer dans ma barque.
> On y vient jeune ou vieillard, ainsi qu'il plait à la Parque.
> On y reçoit sans égard, le berger et le monarque.[8]

• d'évoquer les religions polythéistes et l'animisme (marqué par une conception souvent très élaborée des relations entre les vivants et les défunts) ;

• de ne pas présenter le monothéisme comme un progrès par rapport aux polythéismes ;

• de ne pas se contenter de réponses liées aux croyances ; des affirmations peuvent avoir une valeur poétique, symbolique, morale, indépendamment de toute prétention à la vérité : « Le véritable tombeau des morts, c'est le cœur des vivants. » (Jean Cocteau)

Remarque : Des représentations assez voisines peuvent trouver leur source non dans une croyance religieuse, mais dans un souci de faire appel à la conscience, incarnée par un défunt. Ainsi, la phrase « Mamie voit tout », adressée à un enfant dont la grand-mère est décédée, ne doit pas nécessairement être interprétée comme une croyance en une survie dans l'au-delà, mais peut être la traduction d'un lien moral qu'on tente de perpétuer.

Le drame de Caïn, rongé par le remords, qui s'était « enfui de devant Jéhovah » après avoir tué son frère Abel, s'appuie bien évidemment sur une référence biblique, mais que la culpabilité qu'il éprouve ait une origine divine ou non importe peu ; ce qui fait que l'homme est homme, c'est sa conscience, et ceci depuis les débuts de l'humanité : « L'œil était dans la tombe, et regardait Caïn. »[9]

---

8. Philippe Quinault, *Alceste, ou le triomphe d'Alcide*, 1674.
9. Victor Hugo, *La légende des siècles.*

Quelles que soient les informations qu'on apportera aux élèves, la simple connaissance de nombreux systèmes de pensée et de représentation, en d'autres termes la connaissance de l'autre, est indispensable à l'ouverture d'esprit. L'ignorance, en la matière, réduit considérablement la possibilité de douter de la vérité telle qu'elle a été inculquée : pourquoi, sinon, une telle connaissance serait-elle objet de défiance ?

> « Au Qatar, on ne doit pas apprendre avant 18 ans l'existence d'autres religions que l'Islam. »[10] (À vrai dire, la généralisation d'Internet et des paraboles permettant de capter des centaines de chaines de télévision confèrent à cette interdiction un caractère assez théorique.)

> « Il a été prouvé qu'une connaissance objective et circonstanciée des textes saints comme de leurs propres traditions conduit nombre de jeunes intégristes à secouer la tutelle d'autorités fanatisantes. »[11]

« Tu vas aller à l'école, tu écouteras bien ce qu'on te dira, mais tu n'y croiras pas. » Telle fut la recommandation adressée par un père d'élève saoudien à sa fille qu'il avait inscrite au CP dans une école française de son pays. À la fois fidèle aux valeurs et aux croyances qui marquent la culture en Arabie saoudite et sensible au prestige culturel et linguistique de la France, ce père sentait bien que la lutte contre l'ignorance faisait courir un risque à la croyance.

Toutes les précautions dont on se sera entouré n'empêcheront pas l'inévitable quête enfantine d'un savoir attesté, validé :

« Et pour de vrai, c'est quoi ? »
« Et toi, maitre, qu'est-ce que tu en penses ? »

C'est pour des raisons non seulement déontologiques, mais aussi pédagogiques, que l'enseignant doit s'interdire d'enfermer le questionnement d'un enfant dans une réponse figée : il sera beaucoup plus fécond de lui apprendre à renoncer à son désir d'une réponse unique, définitivement validée, que de lui apporter une sécurité intellectuelle immédiate susceptible de mettre un terme à sa réflexion.

Parler de religion de façon dépassionnée est essentiel, et **très apprécié par les élèves**. L'enseignement des faits religieux est un **outil de pacification**, car il permet de prendre de la distance à l'égard des croyances, y compris de ses propres croyances.

Il est important que ce soit l'école qui prenne en charge l'enseignement des faits religieux. Car **l'école, laïque, éduque et instruit sans endoctriner** ; c'est une école de la liberté, qui protège de tout prosélytisme et de toute pression qui empêcheraient les élèves de faire leurs propres choix.[12]

---

10. *Le Nouvel Observateur*, 3 janvier 2013.

11. Régis Debray, *L'Enseignement du fait religieux dans l'école laïque - Rapport au ministre de l'Éducation nationale*, Odile Jacob, Scérén, 2002, page 27.

12. Voir l'article 6 de la Charte de la laïcité.

Affirmer sans ambigüité le rôle de l'École

La fameuse lettre de Jules Ferry aux instituteurs, qui date de 1883, invitait à ériger implicitement les parents d'élèves en censeurs des contenus à enseigner dans les cours de morale.

> [...] Il est impossible que vous voyiez chaque jour tous ces enfants qui se pressent autour de vous, écoutant vos leçons, observant votre conduite, s'inspirant de vos exemples, à l'âge où l'esprit s'éveille, où le cœur s'ouvre, où la mémoire s'enrichit, sans que l'idée vous vienne aussitôt de profiter de cette docilité, de cette confiance, pour leur transmettre, avec les connaissances scolaires proprement dites, les principes mêmes de la morale, j'entends simplement cette bonne et antique morale que nous avons reçue de nos pères et mères et que nous nous honorons tous de suivre dans les relations de la vie, sans nous mettre en peine d'en discuter les bases philosophiques.
>
> Vous êtes l'auxiliaire et, à certains égards, le suppléant du père de famille : parlez donc à son enfant comme vous voudriez que l'on parlât au vôtre ; avec force et autorité, toutes les fois qu'il s'agit d'une vérité incontestée, d'un précepte de la morale commune ; avec la plus grande réserve, dès que vous risquez d'effleurer un sentiment religieux dont vous n'êtes pas juge.
>
> Si parfois vous étiez embarrassé pour savoir jusqu'où il vous est permis d'aller dans votre enseignement moral, voici une règle pratique à laquelle vous pourrez vous tenir. Au moment de proposer aux élèves un précepte, une maxime quelconque, demandez-vous s'il se trouve à votre connaissance un seul honnête homme qui puisse être froissé de ce que vous allez dire.
>
> Demandez-vous si un père de famille, je dis un seul, présent à votre classe et vous écoutant, pourrait de bonne foi refuser son assentiment à ce qu'il vous entendrait dire.
>
> Si oui, abstenez-vous de le dire ; sinon, parlez hardiment : car ce que vous allez communiquer à l'enfant, ce n'est pas votre propre sagesse ; c'est la sagesse du genre humain, c'est une de ces idées d'ordre universel que plusieurs siècles de civilisation ont fait entrer dans le patrimoine de l'humanité. [...][13]
>
> Le Président du Conseil,
> Ministre de l'Instruction publique et des Beaux-Arts,
> Jules FERRY

13. *La lettre de Jules Ferry aux instituteurs*, 27 novembre 1883.

Aujourd'hui encore, nombreux sont les enseignants qui renoncent souvent à amorcer des débats, au motif que les conclusions auxquelles on parviendrait pourraient heurter certains parents. Or, même si l'on accepte l'idée qu'un assez large consensus social existait à l'époque de Jules Ferry autour des questions morales pouvant être étudiées à l'école, on aura quelque peine à trouver, aujourd'hui, des thèmes qui fassent l'unanimité. Cela n'est pas inquiétant, c'est simplement la reconnaissance de la pluralité des opinions et des convictions au sein d'une société.

Si cette réalité devait avoir pour conséquence qu'on ne puisse plus évoquer en classe quoi que ce fût qui risquât de heurter qui que ce fût, on ne pourrait sans doute plus parler de rien, en tout cas en matière de civisme et de morale.

L'éducation étant une **responsabilité partagée**, l'influence de la famille et celle de la société sont loin d'être négligeables ; mais pour autant, il ne saurait être question que l'école :

- considère que ce qu'elle enseigne doive être soumis à l'accord des parents ;
- renonce à faire évoluer la pensée des élèves dans le sens du respect des droits de l'homme, de l'égalité, du refus de toute discrimination.

Car, s'il y a sans doute plus de sensibilités divergentes au sein de notre société qu'à la fin du XIXe siècle (ce qui au demeurant reste à prouver), un **consensus institutionnel** nouveau peut aujourd'hui servir de **référence internationale**, à savoir la **Déclaration universelle des Droits de l'Homme**.

Si l'on ne s'aventure pas à abuser de sa fonction pour imposer aux élèves des croyances ou des opinions politiques personnelles, on n'a aucune raison d'hésiter à mettre des mots sur les divergences idéologiques ou spirituelles qui opposent les humains, ni sur les convergences qui les rapprochent.

Mais lorsque la crainte d'endoctriner engendre le refus de faire connaitre, d'informer, de discuter, le maitre expose l'élève à « *aller un jour chercher des réponses vers des lieux où, faute d'être travaillées comme elles peuvent l'être à l'école, celles qu'il obtiendra pourront faire de lui la victime d'idéologies douteuses et sans nuances* »[14].

---

14. Pierre Hess et Ariane Perge, *Développer des compétences sociales et civiques au cycle 3 – Un autre regard sur l'instruction civique et morale*, Scérén – CNDP, 2012, page 9.

Revisiter le passé : entre certitudes affirmées et polémiques

Les approches « traditionnelles » et leurs limites

Ouvrons des livres de morale qui datent d'il y a plusieurs décennies, ou regardons, avec émotion peut-être, des photos de cette époque qui montrent des tableaux noirs sur lesquels on a écrit avec beaucoup d'application des dictons ou des maximes.

> Les menteurs finissent toujours par se faire prendre. On ne les aime pas. En avouant ses fautes on montre qu'on est un homme.[15]

> L'enfant obéissant seul deviendra un honnête homme et un bon citoyen.[16]

> Menteur n'est jamais écouté, même quand il dit la vérité.

> Bien mal acquis ne profite jamais.

C'est ainsi qu'à grand renfort de calligraphie matinale l'école de la IIIe République (mais aussi celle de la IVe et des débuts de la Ve) **tentait d'inculquer des valeurs**.

> Il a paru tout naturel que l'instituteur, en même temps qu'il apprend aux enfants à lire et à écrire, leur enseigne aussi ces règles élémentaires de la vie morale qui ne sont pas moins universellement acceptées que celles du langage ou du calcul.[17]

Quelles qu'aient été par ailleurs les vertus de l'enseignement de la morale d'autrefois, on n'hésitait pas, pour persuader les élèves qu'ils doivent être honnêtes ou qu'ils doivent dire la vérité, à leur asséner des mensonges en guise de règles de conduite. Les menteurs finissent-ils vraiment toujours par se faire prendre ? Nul ne profite-t-il jamais de biens mal acquis ?

---

15. Léonce Lévesque et Henri Leclercq (inspecteurs de l'enseignement primaire), *La morale au cours élémentaire, 160 fiches de préparation*, Classiques Hachette, 1961 (n° 57 : *Je dirai la vérité*).
16. Louis Boyer, *Le livre de morale des écoles primaires et des cours d'adultes*, Éditions des Équateurs, 2011, p. 66 - Édition originale : Librairie classique internationale A. Fouraut, 1895.
17. *La lettre de Jules Ferry aux instituteurs*, 27 novembre 1883

L'expression « En avouant ses fautes on montre qu'on est un homme » veut-elle faire croire aux enfants que jamais homme n'a dissimulé ses fautes, qu'un homme ne peut pas être lâche, que tout homme est une incarnation de vertus ?
Que l'on songe au beau poème « If », de Rudyard Kipling, traduit par Paul Eluard :

> Si tu peux voir détruit l'ouvrage de ta vie
> Et sans dire un seul mot te mettre à rebâtir,
> [...]
> Si tu peux supporter d'entendre tes paroles
> Travesties par des gueux pour exciter des sots,
> Et d'entendre mentir sur toi leurs bouches folles
> Sans mentir à ton tour d'un seul mot [...]
> Alors [...] tu seras un homme, mon fils.[18]

Poème magnifique au plan littéraire, mais qui propose une exigence morale démesurée (« tu seras un homme », ou « tu seras un sur-homme, un saint, un demi-dieu » ?) : une telle définition de l'homme risquerait d'engendrer le refus de grandir, si l'enfant se mettait à réfléchir sur les enjeux véritables évoqués dans ce texte, et à le prendre au pied de la lettre dans le cadre d'un enseignement moral.

Mais il y a plus inquiétant : on imposait une morale fondée sur des règles présentées comme universelles et, ce faisant, on fermait toute discussion, en dictant aux élèves ce qu'ils devaient penser. Quels que soient les contextes, les circonstances, les situations, il faut être franc, courageux, travailleur...
Cela est acceptable pour l'enfant, sans doute. Mais pour l'adolescent cela ne résiste pas à l'épreuve de la vie. Car celui-ci se rend vite compte que la complexité des situations nécessite des analyses nuancées et que les dilemmes moraux ne sauraient se décliner en termes binaires : « il faut » / « il ne faut pas », « je dois » / « je ne dois pas ».
N'y a-t-il pas de pieux mensonges, des mensonges héroïques, des vérités qui sont dévoilées par lâcheté, et une multitude de mensonges « ordinaires », qui sont loin d'être condamnables, car ils sont dictés par la nécessité de protéger autrui ou simplement par un souci de politesse ?
Quant au courage, à en croire Voltaire, ce « n'est pas une vertu, mais une qualité heureuse commune aux scélérats et aux grands hommes »[19].
Frédérique Leichter-Flack[20] montre avec beaucoup de justesse combien ce sont les « détails » qui sont déterminants pour juger de la conduite à tenir dans une situation qui se décline sous la forme d'un dilemme moral.
Ce qui signifie qu'il ne peut y avoir de réponse « passe-partout » à quelque question morale que ce soit. Car la seule réponse de cette nature serait toujours « ça dépend ». Et c'est bien en cela que consiste tout enseignement moral : aider l'élève à analyser les éléments de contexte d'un dilemme moral afin qu'il se forge une opinion solidement étayée avant d'effectuer un choix.

---

18. Rudyard Kipling, *If*, in *Rewards and Fairies*, 1910.
19. Voltaire, *Essai sur les mœurs et l'esprit des nations*, Cramer, Genève, 1756.
20. Voir l'introduction de *Le Laboratoire des cas de conscience* (Alma, 2012).

Faute d'avoir su répondre à cette nécessité de fournir des réponses nuancées à tout dilemme moral, et pour avoir préféré les réponses univoques et monolithiques à des analyses plus subtiles ou à des interrogations restant partiellement en suspens, l'école n'a pu avoir raison du discrédit dont l'enseignement de la morale a fini par être l'objet.

Encore aujourd'hui, à peine prononcé, le mot « morale » suscite inévitablement, auprès de beaucoup d'adultes, des réactions immédiates de rejet, de dérision ou de défiance.

Certes, cela est un peu moins manifeste depuis les tragédies qui ont endeuillé la France en janvier et en novembre 2015. Fallait-il réellement de tels drames pour redonner à ce terme un début de légitimité ? Quoi qu'il en soit, nombreux sont ceux qui ne parviennent plus à envisager que l'on puisse tenter de distinguer le bien du mal sans faire la morale, c'est-à-dire sans imposer de manière autoritaire des règles de conduite ou des valeurs, comme cela a malheureusement trop souvent été le cas jadis, dans le cadre scolaire.

Si la morale, après avoir été durant près d'un siècle un pilier de l'enseignement primaire, a été abandonnée en tant que discipline scolaire durant plusieurs décennies, n'est-ce pas précisément en raison d'une confusion tenace entre « enseigner la morale » et « faire la morale » ?

Des représentations forgées durant plusieurs décennies

Les manuels scolaires d'Ernest Lavisse, qui ont façonné des générations d'écoliers de la IIIe République jusqu'aux débuts de la Ve, mettaient délibérément l'histoire de France au service d'une éducation civique. Examinons deux extraits de l'un de ces manuels[21] :

Livre premier : Les Gaulois, les Romains et les Francs
Chapitre premier : Les Gaulois et les Romains

Autrefois, notre pays s'appelait la Gaule, et les habitants s'appelaient les Gaulois. Notre pays a bien changé depuis lors, et nous ne ressemblons plus guère à nos pères les Gaulois.

[L'ouvrage commence par une gravure, sous laquelle figurent les deux lignes suivantes :]

Au temps des Gaulois
Enfants gaulois qui se battent comme de petits sauvages. ...

21. Ernest Lavisse, *Histoire de France - Cours élémentaire*, 1926 (Armand Colin, 21e édition).

[…] Les Gaulois habitaient des maisons faites avec de la terre et couvertes en paille. Ces maisons n'avaient qu'une porte et pas de fenêtres. La fumée sortait du toit par un trou parce qu'il n'y avait pas de cheminée. Vous n'aimeriez pas habiter de pareilles cabanes. La fumée vous piquerait les yeux et vous ferait pleurer.
L'image vous montre une maison gauloise.
Vous voyez, à droite, un Gaulois. […] Si vous rencontriez un homme comme celui-là dans la rue, vous seriez bien étonnés. Vous croiriez que c'est un *sauvage*. […]
Le garçon suivra son père à la chasse. Il n'ira pas à l'école pour une bonne raison : c'est qu'il n'y avait pas d'écoles en Gaule. Personne n'y apprenait à lire ni à écrire.
Vous ne voudriez pas être des ignorants comme ces petits-là.
[…]
Les Gaulois aimaient à se disputer et à se battre, comme font les peuples sauvages.
[…]

Livre sept : Napoléon
Chapitre dix-neuf : Les victoires

[…] *Napoléon Bonaparte* est né en l'année 1769 à *Ajaccio* dans l'ile de *Corse*. Son père, qui n'était pas riche, eut de la peine à élever ses huit enfants.
À l'âge de dix ans, Napoléon fut envoyé en France pour se préparer à être officier. Il commença ses études au collège de *Brienne*, une petite ville du pays de Champagne.
Il n'était pas beau à ce moment-là. Il avait un teint jaune, des yeux enfoncés, des joues creuses et des cheveux mal peignés.
Il parlait mal le français. Dans sa famille, on parlait le corse, qui est un patois italien. La première fois que le professeur lui demanda son nom en classe, Napoléon le prononça comme on le prononçait à Ajaccio : *Napolioné*.
[…]
Il était très brave dans les batailles.
Un jour, il arriva devant un pont construit sur des marécages, près d'un petit village qu'on appelle *Arcole*.
Le pont était gardé par des ennemis qui tiraient. Les soldats n'osaient pas avancer. Napoléon prend un drapeau, et s'élance sur le pont. Vous le voyez en avant, presque seul, tenant haut le drapeau. C'est un miracle qu'il n'ait pas été tué ce jour-là.

Repérons les **valeurs morales** qui sous-tendent implicitement ou explicitement ces extraits :

- le **rôle civilisateur de l'Occident** (à l'égard des « peuples sauvages »), pensée caractéristique de la période coloniale ;

• la **croyance dans le progrès** (aujourd'hui, nous sommes plus évolués que les Gaulois), pensée caractéristique du positivisme propre à cette époque ;

• la **possibilité pour chacun de réussir**, quelle que soit sa condition d'origine (l'enfance de Napoléon est présentée comme le début d'un conte) ;

• la **supériorité de la langue française** par rapport aux « patois » ;

• le **courage** (militaire).

L'objectif de l'enseignement de l'Histoire n'était manifestement pas l'accès à la « vérité » historique, « objective », mais le développement d'une **éducation civique qui n'était autre qu'une éducation au patriotisme**, plus précisément (jusqu'en 1918) au patriotisme revanchard : il s'agissait, en présentant à des générations d'écoliers la France comme un pays ayant toujours existé, de leur imposer la notion **d'unité nationale**, et de susciter auprès d'eux le désir de se battre pour leur pays, notamment pour reconquérir l'Alsace et la Moselle, devenues allemandes en 1871.

Pour atteindre cet objectif :

• L'enseignement de l'Histoire est au service de l'éducation civique (et non l'inverse, comme cela a souvent été le cas depuis lors).

• Le passé est présenté comme si la France avait existé de toute éternité (on peut déduire du fait que le chapitre premier s'intitule « Les Gaulois et les Romains » qu'il n'y avait rien auparavant).

• Les légendes sont présentées comme des réalités (Napoléon au pont d'Arcole, le texte étant illustré par une gravure, véritable image de propagande).

• Le langage est simple, accessible, l'histoire est racontée à des enfants, auxquels on s'adresse à la 2e personne.

Force est de reconnaitre que, quelles qu'aient été les manipulations délibérées dont ils ont ainsi été l'objet, beaucoup d'écoliers ont aimé l'histoire à partir des ouvrages scolaires d'Ernest Lavisse, alors que nombre de manuels plus récents, surtout dans les années 90, à force de tentatives « d'exhaustivité » et « d'objectivité », fondaient leurs textes sur d'insipides énumérations, qui n'avaient guère de chance de susciter l'enthousiasme des élèves pour l'Histoire.

Quelques repères chronologiques

Depuis 30 ans, les instructions officielles oscillent entre plusieurs tendances :

• Doit-on parler d'éducation ou d'instruction ?

• Doit-on inclure le mot « morale » ?

• Si oui, doit-il figurer dans le titre, ou dans le corps du texte ?

• S'agit-il :

  – d'une discipline autonome, avec un horaire spécifique ?

  – d'une discipline intégrée à un groupe de matières, avec un horaire globalisé ?

  – d'un domaine transversal, sans plage horaire ?

En **1985**, les *Programmes et instructions* prévoyaient une heure hebdomadaire dédiée à l'Éducation civique durant chaque année de la scolarité élémentaire. Le rôle émancipateur de cette éducation est affirmé avec vigueur[22] :

> L'École, en instruisant, éduque à la liberté (Introduction, page 16).
> L'éducation civique ne prend jamais la forme de l'endoctrinement ou de l'exhortation, elle invite à la responsabilité, elle est toujours une éducation à la liberté (page 69).

Selon les programmes de **1995** de l'école primaire, « l'éducation civique n'est pas une discipline à enseigner en tant que telle, isolément ». L'horaire hebdomadaire dont elle bénéficie est globalisé avec la Découverte du Monde au cycle 2 (quatre heures au total), avec l'histoire-géographie, les sciences et la technologie au cycle 3 (quatre heures au total).

Cet enseignement faisait partie du « domaine transversal » dans les programmes de **2002** ; redevenu discipline autonome dans ceux de **2008** et rebaptisé « Instruction civique et morale », il a fait l'objet d'une grande indifférence, et souvent de dérision en raison de la réintroduction du terme « morale » ; au cycle 2, dans le tableau[23] indiquant les horaires des écoles maternelles et élémentaires, on a tout bonnement omis de le mentionner et de lui attribuer un temps hebdomadaire, ce qui ne semble pas avoir contrarié qui que ce soit, alors qu'il était considéré comme une discipline spécifique[24].

La circulaire du 25 aout **2011** a essayé de redonner vigueur à la morale scolaire mais, malgré quelques tentatives d'ouverture, son approche restait très traditionnelle, comme le montrent les extraits suivants :

> Il s'agit avant tout d'aider chaque élève à édifier et renforcer sa conscience morale dans des situations concrètes et en référence aux valeurs communes à tout « honnête homme ». Ainsi se met en place un ensemble de principes, de maximes et de règles qui guident et doivent guider l'action de chacun. [...] Il s'agit de transmettre les principes essentiels de la morale universelle [...]
> L'usage de la maxime morale, recommandé par les programmes de l'école primaire, vise essentiellement à construire une conscience et un jugement par la réflexion collective et individuelle sur des situations morales. [...] Il est recommandé d'y consacrer un temps régulier et quotidien [...]. Le début de la journée est particulièrement approprié à cet exercice car il permet de placer le travail qui va suivre sous le signe des principes qui auront été dégagés.
> Le caractère lapidaire des maximes permet une mémorisation aisée des préceptes moraux.[25]

22. Ministère de l'Éducation nationale, *École élémentaire - Programmes et instructions*, 1985 (préfacé par Jean-Pierre Chevènement).

23. Bulletin Officiel de l'Éducation nationale n° 3 du 19 juin 2008, page 7.

24. Bulletin Officiel de l'Éducation nationale n° 3 du 19 juin 2008, page 19.

25. Circulaire n° 2011-131 du 25-8-2011, *Instruction morale à l'école primaire*, publiée au Bulletin Officiel de l'Éducation nationale du 1er septembre 2011.

C'est avec l'apparition du terme « morale laïque » en **2012** que l'enseignement moral a commencé à être réellement objet de polémique (voir, *infra* : *Polémiques, controverses et commentaires*).

Quant au programme de **2015**[26] (qui concerne les cycles 2, 3 et 4), il affirme que « L'enseignement moral et civique doit avoir un horaire spécialement dédié. Mais il ne saurait se réduire à être un contenu enseigné « à côté » des autres. Tous les enseignements à tous les degrés doivent y être articulés [...]. »

Si le thème du respect, sous toutes ses formes (celui d'autrui, mais aussi celui des règles de la vie collective et des règles du débat), s'inscrit dans la continuité des orientations précédentes, l'accent est mis désormais beaucoup plus nettement sur :

- le développement de l'esprit critique, « la formation du jugement moral » qui « doit permettre de comprendre et de discuter les choix moraux que chacun rencontre dans sa vie » ;
- la « confrontation des points de vue dans des situations problèmes » ;
- les dilemmes moraux ;
- la référence au droit et à des valeurs partagées d'une société humaniste et démocratique.

Parmi les principes mis en œuvre figurent :

- « penser et agir par soi-même et avec les autres et **pouvoir argumenter ses positions et ses choix** (principe d'autonomie) » ;
- « reconnaitre le pluralisme des opinions, des convictions, des croyances et des modes de vie (principe de la coexistence des libertés) ».

Les **dimensions émancipatrice et sociale** de cet enseignement sont donc clairement affirmées.

Polémiques, controverses et commentaires

L'introduction, en septembre 2012, du terme « morale laïque » dans le contexte scolaire a suscité de nombreuses polémiques, certains considérant que l'école prescrirait nécessairement une conception univoque du « bien » et du « mal », que « *l'État imposerait une morale, de façon intolérante, une sorte de catéchisme, de totalitarisme moral*[27] ».

26. *Programme d'enseignement moral et civique pour l'école élémentaire et le collège (cycles 2, 3 et 4)*, Bulletin Officiel de l'Éducation nationale spécial n° 6 du 25 juin 2015.

27. Selon les termes employés par Chantal Delsol sur France Inter dans le cadre de l'émission du 16 septembre 2012 « *Cause commune, tu m'intéresses* » : *Une morale, mais laquelle, a-t-elle sa place à l'école ?*

> La question du bien est [...] celle de savoir ce qu'on va faire de soi-même, du style de vie qu'on veut mener, du genre de personne qu'on doit être, des ingrédients de la vie « bonne » ou « heureuse ». Faut-il être un épargnant raisonnable ou un flambeur ? Un aventurier des mers ou un chercheur qui passe sa vie en laboratoire ? [...]
> [À l'école], il est légitime d'instaurer une instruction civique [...]. Mais la légitimité d'une éducation morale obligatoire, dont l'ambition serait de nous engager envers une certaine conception du bien, de la vie bonne ou heureuse, est beaucoup moins évidente. On reconnait aux familles et à certaines associations le droit d'éduquer les jeunes dans le sens d'une religion plutôt qu'une autre. Mais pas à l'État démocratique, laïque et pluraliste. Il devrait en aller de même pour la vision du bien. [...][28]

On est avant tout en droit de s'étonner qu'il ait fallu attendre 2012 pour que de telles polémiques soient soulevées, alors que l'enseignement de la morale figurait depuis 2008, à titre obligatoire, dans les programmes de l'école élémentaire, sous la rubrique « Instruction civique et morale ».

Par ailleurs, lorsqu'on engage les élèves vers une certaine conception du bien, cela ne revient pas à les faire réfléchir sur ce qu'est « une vie bonne ou heureuse » : la première démarche a une dimension sociale forte, qui justifie des apprentissages méthodiques, dans lesquels l'implication de l'école est nécessaire ; la seconde concerne l'individu, ses choix personnels et son propre bonheur, et il est incontestable qu'il n'appartient nullement à l'État ni à l'école ni aux leçons de morale de les définir.

> Qu'est-ce qu'une vie qui vaut la peine d'être vécue ?
> À cette question, il y a autant de réponses que d'individus sur terre.
> Je n'admettrai jamais que quelqu'un en décide pour moi ou pour les autres.
> Le moindre accord de deux personnes sur ce point me semble suspect.
> À partir de trois, je repère la dictature.[29]

Enfin, si l'école doit renoncer à enseigner la morale, c'est-à-dire à aider les élèves à distinguer ce qui est « bien » de ce qui l'est moins ou ne l'est pas, alors tout enseignement devra rester « neutre » face à l'ensemble des textes littéraires porteurs de valeurs morales, c'est-à-dire la grande majorité d'entre eux. La laideur et la difformité de Quasimodo ne contrasteront plus avec la délicatesse de ses sentiments. L'insouciance de la Cigale ou du Lièvre ne sera plus mise en lumière par la prévoyance de la Fourmi ou la persévérance de la Tortue. Quant à l'école maternelle, elle devra s'interdire de faire découvrir aux élèves, à travers les contes traditionnels, les messages moraux fondamentaux dont tous sont porteurs. *Le Petit Chaperon rouge* n'invitera plus à la prudence, *Les Trois Petits Cochons* n'encourageront plus le travail ni la solidarité, et *Cendrillon* n'aura plus raison de la méchanceté, de l'orgueil, et de la jalousie.

---

28. Ruwen Ogien, *Libération*, 5 septembre 2012.
29. Éric-Emmanuel Schmitt, *Les Deux Messieurs de Bruxelles* (Albin Michel, 2012).

> Poser la neutralité totale revient à renoncer à l'éducation. Car toute éducation repose sur des valeurs qu'on ne peut pas prouver, sur des choix aussi indémontrables qu'inéluctables ; on ne peut démontrer que le respect humain vaut mieux que le racisme, la vérité que le mensonge, etc.[30]

À qui appartient-il de définir ce qui est bien ? L'éducation est affaire de responsabilité partagée ; les enfants sont confiés à l'école à titre obligatoire pendant moins de 10 % du temps (24 heures par semaine durant 36 semaines au cours de l'année, alors que la durée totale de cette dernière est de 365 fois 24 heures) ; mais au nom de quoi les parents, les familles, la société extrascolaire seraient-ils les seuls garants des valeurs morales ? Voudrait-on que des « valeurs » du quotidien telles que la rentabilité, l'utilitarisme, la lutte concurrentielle, la puissance instantanée de l'image envahissent l'espace scolaire ?

S'il existe des écoles, c'est précisément parce que la vie n'en est pas une[31], écrivait aussi Olivier Reboul, de manière quelque peu provocatrice, dans un contexte pétri de slogans tels que « la vie dans l'école », ou « l'école dans la vie ».

L'enseignement moral ne doit pas avoir pour objectif de proclamer le bien et le mal, mais de faire réfléchir les élèves, notamment à partir de dilemmes, pour qu'ils envisagent les enjeux et les conséquences de diverses attitudes et actions possibles.

> Il ne s'agit pas de « professer » une morale, mais de conduire les élèves à développer le courage de penser.[32]

Seule une méconnaissance de la réalité scolaire actuelle peut faire craindre en son sein un risque de prosélytisme, de « totalitarisme moral » de la part des enseignants ; si risque il y a, c'est au contraire celui d'une autocensure qui concerne beaucoup de questions importantes pour l'enfant et une tendance à les esquiver.

Or cette attitude, anodine en apparence, peut être d'une gravité insoupçonnée, car si l'école ne propose pas des éléments de réflexion et de réponse à des interrogations sur le bien et le mal, on est en droit de se demander qui le fera, le jour où celles-ci acquerront aux yeux de l'enfant ou de l'adolescent une importance quasi vitale.

Il est essentiel de tout mettre en œuvre dès l'école pour **éviter que l'enfant, une fois devenu grand, ne puisse devenir la proie de quelque courant d'opinion que ce soit.**

---

30. Olivier Reboul, *L'Endoctrinement*, PUF, 1977, p. 62-63.

31. Olivier Reboul, *Qu'est-ce qu'apprendre ?*, PUF, 1980, p. 16.

32. Extrait de la circulaire de l'Inspection académique de Strasbourg sur la morale laïque – avril 2010.

NB : la signification du terme « morale laïque » est ici différente de ce qu'elle est dans la plupart des départements français, car dans le Bas-Rhin, le Haut-Rhin et la Moselle, des enseignements religieux (avec leurs morales spécifiques) sont assurés dans les écoles publiques ; la circulaire en question a donc pour fonction de définir le contenu d'un enseignement spécifiquement laïque.

Aujourd'hui : nécessité d'un enseignement rénové

Lorsqu'il s'agit de morale et de civisme, **il ne peut plus être question aujourd'hui d'« inculquer » des valeurs, de faire réciter un credo moral** (« Je serai généreux, honnête, poli, obéissant... »), de « transmettre » des règles de conduite à appliquer quelles que soient les circonstances, ni de se contenter de présenter le fonctionnement de notre société en ignorant les autres.

Un tel enseignement suppose un cheminement pédagogique maitrisé et une **approche méthodique**. Qu'il s'agisse de sentiments, d'émotions, de comportements dans la vie quotidienne, de modalités d'organisation sociale, ou de fonctionnement des institutions, c'est par une véritable éducation, au cours de laquelle l'élève sera placé devant des alternatives, qu'on l'aidera à construire des repères, des savoirs, et des valeurs, en un mot à **construire sa pensée.**

C'est confronté à des situations (de discrimination, d'intolérance, de fanatisme, d'injustice, d'inégalité, de favoritisme, d'humiliation, d'atteinte à la liberté d'opinion, de conscience ou d'expression, etc.) qui provoquent l'indignation, qu'il parviendra à **identifier les obstacles à vaincre et à donner une signification concrète à des valeurs** dont il comprendra ainsi le sens et l'importance : respect, égalité, justice, liberté, solidarité, tolérance, dignité.

Avec l'aide de l'adulte, grâce à des récits de vie, à des situations extraites du quotidien, à des extraits de textes littéraires, et à des références au droit, on lui donnera accès à des points de vue divers qu'il sera invité à identifier, à analyser ; on l'invitera à explorer un vaste champ de possibles, à connaitre, comprendre et comparer des réalités multiples, afin de l'aider à se forger une opinion à propos de divers choix opérés par les hommes pour déterminer des modalités du « vivre ensemble ».

> Ce n'est qu'en prenant conscience de l'infinité des points de vue possibles que l'enfant découvre le sien propre.[33]

En s'évadant du contexte d'origine (d'ordre spatial : il s'agit de la représentation en perspective) de cette phrase, on pourra donner à celle-ci une dimension nouvelle si on emploie le terme « point de vue » dans le sens de « opinion » : ce n'est qu'en prenant conscience de l'infinité des opinions possibles que l'enfant découvre la sienne propre. On envisagera ainsi les enjeux moraux et civiques, immenses, auxquels des

33. Voir Jean Piaget et Bärbel Inhelder, *La Représentation de l'espace chez l'enfant*, PUF, 1947 (4e édition : 1981).

apprentissages qui accordent à la notion de point de vue une importance déterminante peuvent donner accès.

Le recours à de vrais dilemmes moraux permettra **d'éviter l'écueil du dogmatisme,** dans lequel cet enseignement a si souvent sombré par le passé, et qui est largement responsable du rejet dont souffrent les termes « morale » ou « leçon de morale », considérés comme obsolètes et ridicules. Des termes qui encore aujourd'hui font sourire, font rire, ou font fuir.

L'enseignement de la morale et du civisme doit **aider l'élève à développer son esprit critique, son jugement, et préserver son droit au doute**. Mais il doit **aussi éviter l'écueil du relativisme**, qui consisterait à faire croire aux élèves que toutes les idées se valent, que toute morale ne dépend que de celui qui l'énonce et de sa façon de voir les choses.

Implicitement, les séances qui consistent en un simple « débat » au cours duquel l'enseignant s'interdit d'intervenir et se contente de recenser les représentations et les opinions des uns et des autres entretiennent une telle illusion.

Dans un cadre éducatif, confronter des points de vue, c'est reconnaitre que **chacun d'eux a une part de légitimité, mais aussi que pour autant ils ne sont pas équivalents.**

Les valeurs sont en effet l'objet de déclinaisons innombrables en fonction des lieux et des cultures, mais aussi de **convergences essentielles affirmées à grande échelle, comme en témoigne la Déclaration universelle des Droits de l'Homme**. C'est pourquoi l'école pourra sans crainte prendre appui sur les valeurs, humanistes, qui figurent dans ce texte, ainsi que sur celles dans lesquelles, par le biais de notre Constitution, notre nation se reconnait et parmi lesquelles beaucoup transcendent les cultures, voire les époques.

C'est dans ce cadre que l'on aidera l'élève à apprendre progressivement à penser par lui-même, de manière aussi « autonome » que cela est possible pour un écolier ou un jeune collégien, à **cultiver son libre arbitre** ; il ne s'agit pas de refuser qu'il se laisse influencer (nous sommes tous soumis à une infinité d'influences, et celles-ci sont en grande partie bénéfiques, nécessaires, en particulier pour la formation des enfants et des adolescents), mais de lui **apprendre à savoir résister à la force des slogans, des « évidences », et surtout aux pressions**. À celles des camarades, d'un groupe, de la majorité, de celui qui parle le mieux ou le plus fort.

C'est là un apprentissage difficile, mais dont les enjeux sont immenses.

7 exemples de thèmes pédagogiques à explorer

Démarche pédagogique et programme

Entre une éducation au patriotisme qui détermine les contenus de l'enseignement historique (voir pp. 22 à 24, l'analyse des manuels d'Ernest Lavisse), un enseignement qui parfois « vivote sous le protectorat de l'Histoire »[34], une « éducation civique » affirmée comme étant « éminemment morale »[35], un enseignement qui est quelquefois considéré comme un simple prétexte pour apprendre à débattre, on perd souvent de vue qu'une **approche ouverte** de l'enseignement moral et civique pourrait aussi **fédérer de nombreux apprentissages** : en littérature, histoire, géographie, sciences, mathématiques… mais aussi dans des domaines qui, sans être officiellement « estampillés » scolaires, lui apportent dans les faits, au quotidien, un concours précieux, voire indispensable, comme la sociologie, le droit, l'économie, la psychologie, etc.

Les exemples de thèmes développés ci-après s'inscrivent dans cette perspective d'ouverture. Ils permettent d'aborder une grande partie des questions qui figurent au programme du cycle 3, de susciter des apprentissages denses et d'engager des réflexions et des débats en profondeur.

Des **commentaires**, précisant **l'intérêt de certaines approches** et **les dérives à éviter**, fournissent aux enseignants quelques clés pour faire progresser les élèves de manière à la fois ambitieuse et réaliste.

À partir des pistes de travail et de réflexion proposées, les enseignants pourront déterminer les modalités de fonctionnement des séances : résolution d'exercices oralement ou par écrit, individuellement, par binômes, par groupes restreints, ou collectivement ; utilisation de QCM (questionnaires à choix multiples), production d'énoncés construits ou de textes rédigés, organisation de débats préparés ou improvisés, etc.[36]

---

34. Mona Ozouf (Maitre de recherches au CNRS) : *Colloque national sur l'Histoire et son enseignement*, Montpellier, janvier 1984.

35. Ministère de l'Éducation nationale, *École élémentaire - Programmes et instructions*, 1985 (préfacé par Jean-Pierre Chevènement), page 67.

36. Pour diversifier les thèmes abordés et les approches pédagogiques, on pourra se reporter à l'ouvrage *L'Instruction civique à l'école*, Scérén-CNDP, 2012, pages 234 à 279 (Pierre Hess, *Des Situations pédagogiques introduites par des récits et des dilemmes*), à partir desquelles quelques passages du présent chapitre ont été adaptés.

Trois remarques :

• Lorsqu'on invite les élèves à réfléchir à partir de QCM, les réponses sont élémentaires, et consistent le plus souvent en une lettre ou un mot ; mais, très fréquemment, **les raisonnements nécessaires pour y parvenir sont fort élaborés**.

• On a souvent tendance, même à l'école, à **refuser aux élèves l'accès aux problématiques civiques qui sont censées ne concerner que les adultes** ; or les élèves de cycle 3 sont capables de raisonner sur divers modes d'organisation de la vie en société ; il s'agit là en général de thèmes beaucoup moins abstraits et beaucoup plus attrayants que nombre de sollicitations pédagogiques auxquelles ils sont soumis à l'école élémentaire (telles que, par exemple, les opérations de conceptualisation, souvent très exigeantes, ayant pour objet le fonctionnement grammatical de la langue).

• **On ne saurait inféoder les apprentissages aux exigences supposées de l'évaluation**. On peut évaluer de nombreuses facettes des acquis des élèves, surtout lorsqu'il s'agit d'aspects factuels du savoir. Mais il serait dramatiquement réducteur de cantonner les apprentissages à des éléments pouvant faire l'objet d'une évaluation aisée : il est certes difficile, voire impossible, d'évaluer l'esprit critique des élèves ; pour autant on ne saurait renoncer à accorder au développement de celui-ci une importance prioritaire.

La culture civique portée par l'enseignement moral et civique articule quatre domaines : la sensibilité, la règle et le droit, le jugement, l'engagement.

• *La culture de la sensibilité permet d'identifier et d'exprimer ce que l'on ressent, comme de comprendre ce que ressentent les autres. Elle permet de se mettre à la place de l'autre.*

• *La culture de la règle et du droit unit le respect des règles de la vie commune et la compréhension du sens de ces règles. Elle conduit progressivement à une culture juridique et suppose la connaissance de la loi.*

• *La culture du jugement est une culture du discernement. Sur le plan éthique, le jugement s'exerce à partir d'une compréhension des enjeux et des éventuels conflits de valeurs ; sur le plan intellectuel, il s'agit de développer l'esprit critique des élèves, et en particulier de leur apprendre à s'informer de manière éclairée.*

• *La culture de l'engagement favorise l'action collective, la prise de responsabilités et l'initiative. Elle développe chez l'élève le sens de la responsabilité par rapport à lui-même et par rapport aux autres et à la nation.*

Ministère de l'Éducation nationale, Bulletin officiel n° 30 du 26/07/2018

Remarque : Apprendre à penser de manière autonome est une œuvre de longue haleine, qui nécessite une éducation patiente et progressive. On n'apprend pas à nager en se jetant d'emblée dans le bassin le plus profond.

L'école est un haut lieu d'enseignement de la démocratie. Ce qui ne veut pas dire que son fonctionnement doive ni puisse être démocratique. Dans la pratique quotidienne, c'est l'enseignant(e) qui assume la responsabilité du fonctionnement de sa classe, en concentrant dans ses mains les pouvoirs législatif, exécutif et judiciaire (dans le respect des textes règlementaires et législatifs bien entendu).

C'est pourquoi des modalités d'initiation à la démocratie « en vraie grandeur » dont dispose l'école, telles que les conseils d'enfants, la participation d'élèves aux conseils d'école, doivent absolument être encouragées, développées, et avoir un impact réel sur la vie de l'école.

Il importe de bien cerner la notion « d'engagement » et ses limites. On a vu des élèves, encadrés par leurs enseignants, défiler dans les rues de leur village avec des banderoles pour défendre une cause écologique ou humanitaire.

Sous-tendues par de vertueuses intentions, de telles manifestations n'en constituaient pas moins des dérives, car il n'appartient pas aux élèves d'afficher publiquement des positions affirmées sur des sujets à propos desquels l'école est là, précisément, pour leur apprendre à se forger une opinion, qu'ils sont et seront en droit de faire évoluer.

Thème 1

Les élections

Principales notions abordées :	– Les droits du citoyen. – Les principes du vote démocratique. – Les conseils d'élèves.
Objectifs :	– Découvrir les principes d'un vote démocratique. – Connaitre et comparer plusieurs modes de scrutin. – Mettre en œuvre la notion de proportionnalité au service de choix d'ordre civique.
Disciplines impliquées :	– Mathématiques. – Histoire.

Injustice, discrimination, garanties démocratiques bafouées. C'est à partir de telles « antivaleurs », mises en scène pour susciter leur indignation, que les élèves découvriront des modes de fonctionnement électoral garantissant de plus en plus d'équité. Mais ils prendront conscience aussi que cette valeur n'est pas la seule à prendre en considération lorsqu'il s'agit de déterminer par quel mode de scrutin les électeurs désigneront leurs représentants.

A. Un exemple de fonctionnement non démocratique

• Lanceur d'activité :

Le texte ci-après (à afficher au tableau ou à vidéoprojeter) permettra d'amorcer un débat avec les élèves.

Remarque : L'ensemble des documents d'étude (textes, tableaux, schémas), des fiches activités et des fiches évaluations figurant dans cet ouvrage sont disponibles en téléchargement, classés par thèmes ou par types. Ils sont enregistrables et imprimables. Les documents d'étude sont proposés en deux formats : individuel, à distribuer aux élèves, et collectif, à vidéoprojeter. Ces annexes sont signalées dans l'ouvrage par le symbole suivant : ▶ Ressources numériques

Texte : Scandaleux !

➤ Thème 1/A : texte

Pour l'élection des délégués de classe, le maitre du CM1 a décidé que :
- comme la majorité des élèves sont des filles, elles seront les seules à pouvoir voter ;
- celles qui ont fait moins de cinq erreurs à la dictée de la veille pourront voter deux fois ;
- chacune signera son bulletin de vote, indiquant pour quel candidat elle a voté, et l'affichera au tableau.

• Débat :

Question : Que pensez-vous de ce système ?

Éléments de réponse :

Sans doute ces propositions susciteront-elles un sentiment légitime d'injustice auprès des élèves, et provoqueront-elles leur indignation. Le débat offrira l'occasion de réfléchir à un tel mode de scrutin qui ne serait ni universel, ni égal, ni secret, et aux conséquences qu'entraineraient de telles modalités de vote.

Par des remarques telles que « C'est pas juste ! », « Les garçons aussi ont le droit de voter, même s'ils sont moins nombreux ! », « Il n'y a pas de raison que certains élèves votent deux fois ! », « Si tout le monde le sait, on ne peut plus vraiment choisir pour qui on vote, on va perdre des copains », les élèves exprimeront implicitement les valeurs mentionnées dans l'article 3 de la Constitution française : « Le suffrage [...] est toujours universel, égal et secret. » L'ayant presque formulé eux-mêmes, ils comprendront sans peine le bien-fondé de cet article.

• Trace écrite :

– Dans une démocratie, toute élection est organisée au suffrage universel, égal et secret.

• Commentaires pédagogiques pour l'enseignant :

Il est souvent judicieux de partir de pratiques scolaires pour faire comprendre des modes d'organisation sociale ; il importe toutefois de ne pas limiter, dans ce domaine, le champ de la réflexion au seul niveau de l'école ou du microcosme de la classe.

En l'occurrence, l'organisation d'élections de délégués de classe et de délégués d'école (ces derniers pouvant être élus au suffrage direct ou indirect) peut constituer une bonne initiation aux règles à respecter en matière d'élections démocratiques.

Lorsqu'un fonctionnement conforme à celles-ci aura été adopté, on pourra procéder à l'élection véritable des délégués. Sans doute les élèves élus seront-ils ceux qui auront obtenu le plus grand nombre de voix, en un seul tour de scrutin, comme cela se pratique habituellement dans le cadre scolaire. Mais il existe aussi d'autres systèmes, que rien n'empêche de mettre en œuvre dans un tel contexte.

On pourra alors fournir quelques exemples qui mettront en lumière les avantages et les limites de chaque système évoqué.

B. Découverte de 3 modes de scrutin électoral

Lanceur d'activité :

Distribuer la fiche activité 1. Afficher au tableau (ou vidéoprojeter) le tableau 1 que l'on pourra commenter ainsi : À l'école « Victor Hugo », on organise des élections de délégués dans les 6 classes de CM ; ces délégués siègeront au conseil de coopérative de l'école ; trois tendances s'observent chez les élèves :

- certains souhaitent que l'argent de la coopérative scolaire soit surtout utilisé pour que l'école puisse organiser des classes de découverte à la mer (c'est le groupe A) ;
- d'autres préfèreraient que cet argent permette d'organiser des classes de découverte à la montagne (c'est le groupe B) ;
- d'autres voudraient plutôt qu'avec cet argent on achète des tablettes numériques et des ballons de football et de rugby (c'est le groupe C).

Fiche activité 1

➤ Thème 1/B : fiche activité 1

Tableau 1 : Un seul tour de scrutin

➤ Thème 1/B : tableau 1

Candidats	A	B	C	Nombre d'élèves	Délégués élus
Classe n° 1	10	3	11	24	
Classe n° 2	10	3	12	25	
Classe n° 3	6	2	7	15	
Classe n° 4	8	6	13	27	
Classe n° 5	6	2	5	13	
Classe n° 6	10	4	12	26	
Total	**50**	**20**	**60**	**130**	**6**

Exercices :

À partir du tableau 1 :

1) Dans les colonnes A, B et C, on a indiqué le nombre d'élèves qui ont voté pour l'élève qui fait partie de chacun de ces groupes. Complétez la dernière colonne du tableau en inscrivant dans chaque case vide « A », « B » ou « C ».

2) Répondez aux questions suivantes :

a. Combien de voix le groupe A a-t-il obtenues ?

b. Combien de voix le groupe B a-t-il obtenues ?

c. Combien de voix le groupe C a-t-il obtenues ?

d. Nombre de délégués élus appartenant au groupe A ?

e. Nombre de délégués élus appartenant au groupe B ?

f. Nombre de délégués élus appartenant au groupe C ?

g. Combien d'élèves le délégué élu de la classe n° 4 représente-t-il ?

h. Combien d'élèves le délégué élu de la classe n° 6 représente-t-il ?

i. Combien d'élèves le délégué élu de la classe n° 5 représente-t-il ?

3) Estimez-vous qu'il y a **des injustices dans ce mode d'élection** ?

4) Comment pourrait-on avoir un **système moins injuste** ?

Réponses :

1) – Classes nos 1, 2, 3, 4, 6 : C

– Classe n° 5 : A

2) a : 50 ; b : 20 ; c : 60 ; d : 1 ; e : 0 ; f : 5 ; g : 27 ; h : 26 ; i : 13

3) – avec moins de la moitié des voix, le groupe C obtient 5 sièges sur 6.

– avec seulement 13 élèves, la classe n° 5 a un délégué élu, alors qu'avec plus du double de voix, la classe n° 4 n'en a pas davantage.

4) Il faudrait décider que, pour être élu, il faut avoir recueilli au moins la moitié des suffrages. Cela suppose un **deuxième tour de scrutin**, avec seulement **deux candidats en lice** (les deux qui ont obtenu le plus de voix au premier tour).

Appliquons ce système aux 6 classes de l'école « Victor Hugo » ; au deuxième tour, seuls pourront se présenter les candidats des groupes A et C ; on suppose que tous les électeurs du groupe B donnent leur voix à leur camarade du groupe A, car ils veulent avant tout que des classes de découverte soient organisées, « tant pis si ce n'est pas à la montagne ».

On pourra faire remarquer aux élèves qu'il n'arrive jamais, dans la réalité, que toutes les voix obtenues par un candidat se reportent sur un seul autre candidat.

Fiche activité 2

➤ Thème 1/B : fiche activité 2

Tableau 2 : Un deuxième tour de scrutin

➤ Thème 1/B : tableau 2

Candidats	A	C	Nombre d'élèves	Délégués élus
Classe n° 1	13	11	24	
Classe n° 2	13	12	25	
Classe n° 3	8	7	15	
Classe n° 4	14	13	27	
Classe n° 5	8	5	13	
Classe n° 6	14	12	26	
Total	**70**	**60**	**130**	**6**

Exercices :

À partir du tableau 2 :

1) Complétez la dernière colonne du tableau suivant en inscrivant dans chaque case vide « A » ou « C ».

2) Estimez-vous qu'il y a encore des injustices dans ce mode d'élection ?

3) Comment pourrait-on parvenir à un système plus équitable ?

Réponses :

1) Classes n° 1, 2, 3, 4, 5, 6 : A

2) – Avec un peu plus de la moitié des voix, le groupe « A » obtient tous les sièges.
– Les groupes « B » et « C » ne sont pas du tout représentés.
– Par ailleurs, chaque classe est représentée par un élu, quel que soit l'effectif de la classe.

3) On ne va plus attribuer un siège à chaque classe, mais on va attribuer à chacun des trois groupes « A », « B » et « C » des sièges selon le nombre de leurs électeurs.

Avec l'aide de l'enseignant, et en lien avec les apprentissages mathématiques, les élèves pourront maintenant découvrir l'existence du **scrutin de liste à représentation proportionnelle**.

Fiche activité 3

➤ Thème 1/B : fiche activité 3

Tableau 3 : La représentation proportionnelle

➤ Thème 1/B : tableau 3

Groupe	A	B	C	Total
Nombre de voix obtenues	**50**	**20**	**60**	**130**
Nombre de sièges obtenus (nombre d'élus)				13

Exercices :

À partir du tableau 3 :

1) Complétez la dernière ligne du tableau 3 en inscrivant dans chaque case vide le nombre de sièges qui sera attribué à chaque groupe.

2) Quels sont les **avantages** et les **inconvénients** de ce système ?

Réponses :

1) A : 5 ; B : 2 ; C : 6

2) – il est plus équitable, toutes les tendances sont représentées.

– prendre des décisions est plus difficile, car une tendance majoritaire ne se dégage pas toujours nettement lors des débats.

Remarques :

• La confrontation de cet avantage et de cet inconvénient met en évidence le conflit de valeurs qui oppose efficacité (scrutin uninominal) et équité (scrutin de liste à représentation proportionnelle).

• Dans la réalité, les chiffres ne correspondent à peu près jamais à un rapport de proportionnalité exact, d'où l'attribution de sièges « au plus fort reste » ou « à la plus forte moyenne » (le détail de ces calculs, compliqués, n'est pas indispensable au niveau du cycle 3).

Trace écrite :

– Pour obtenir la majorité absolue des voix, il faut recueillir plus de la moitié des suffrages exprimés.

– Pour obtenir la majorité relative des suffrages exprimés, il suffit d'obtenir plus de voix que chacun des autres candidats.

– Au scrutin de liste à représentation proportionnelle, le nombre de sièges attribué à chaque liste est proportionnel au nombre de voix que chaque liste a obtenues lors de l'élection.

Évaluation :

Les activités proposées précédemment avaient pour contexte le cadre scolaire (élections de délégués de classes) ; l'évaluation permet de vérifier que les élèves ont assimilé les notions clés et sont capables de les transposer dans un contexte social élargi.

Fiche d'évaluation

➤ Thème 1/B : fiche évaluation

Exercices :

1) Lors d'une élection, il y a eu 11 millions de suffrages exprimés. Le candidat A a obtenu 5 millions de voix, le candidat B a obtenu 4 millions de voix, et le candidat C a obtenu 2 millions de voix. « Le candidat A a donc obtenu la majorité absolue des suffrages exprimés. »
Vrai ou faux ?

2) Pour qu'une élection soit démocratique, il faut que le vote soit secret.
Vrai ou faux ?

3) Lors de l'élection d'une assemblée au scrutin de liste avec représentation proportionnelle, il y avait 100 sièges à pourvoir. Il y a eu 4 millions de suffrages exprimés. Un million d'électeurs ont voté pour la liste L. Combien de sièges seront attribués à la liste L ?

4) Lors d'une élection au scrutin de liste avec représentation proportionnelle, 15 sièges sont à pourvoir
– La liste A a obtenu 6 000 voix.
– La liste B a obtenu 12 000 voix.
– La liste C a obtenu 4 000 voix.
– La liste D a obtenu 8 000 voix.
Combien y aura-t-il d'élus de la liste A ? de la liste B ? de la liste C ? de la liste D ?

Réponses :

1) Faux (il n'a obtenu que la majorité relative).

2) Vrai (si le choix de chaque électeur est connu par tous, le peuple ne peut plus voter librement).

3) 25

4) A : 3 ; B : 6 ; C : 2 ; D : 4

Thème 2

Le pouvoir appartient-il au peuple ?

Principales notions abordées :	– La participation démocratique. – Les principes de la représentation démocratique en France et en Europe. – Les institutions à travers leur histoire. – Valeurs et institutions : l'égalité, la liberté d'expression. – Les valeurs de l'Union européenne. – Le vocabulaire des institutions.
Objectifs :	– Comparer l'organisation sociale de notre pays à celles d'autres pays et d'autres époques. – S'initier aux notions de démocratie et de dictature. – Savoir repérer les éléments qui caractérisent un fonctionnement démocratique. – Fonder sur des valeurs humanistes son jugement moral à l'égard de divers systèmes.
Disciplines impliquées :	– Histoire. – Géographie.

Les exemples concrets d'activités proposés ci-dessous sont organisés de manière à permettre :

• d'assurer, par le biais du thème de l'accession au pouvoir (par élection, par nomination ou par hérédité), une continuité avec les problématiques évoquées dans le cadre du « Thème n° 1 » ;

• d'évoquer l'origine de la démocratie et de faire comprendre que celle-ci est **toujours à construire ou à reconstruire**, l'évolution n'ayant pas, en l'occurrence, de caractère linéaire ;

• de faire découvrir aux élèves les vertus, ou au contraire le caractère inacceptable, de divers modes de fonctionnement.

En amenant les élèves à confronter des réalités diverses et à s'interroger sur les avantages et les inconvénients de chacune d'elles, il n'est plus seulement question de leur faire acquérir des savoirs, mais aussi de solliciter leur esprit critique.

Ce sont là **deux approches** à la fois **indispensables et complémentaires**.

A. Des fonctionnements nombreux et divers

Lanceur d'activité :

Distribuer (ou vidéoprojeter) le tableau ci-dessous et les fiches activités.

Selon les pays, selon les époques, selon les fonctions concernées, les systèmes qui permettent de confier le pouvoir à certaines personnes sont très différents. La colonne de gauche du tableau « confier le pouvoir » en donne quelques exemples.

L'exercice proposé dans la fiche activité 1 permettra aux élèves de découvrir, dans leur contexte passé ou présent, diverses modalités d'accession au pouvoir par élection ; il facilitera la distinction ultérieure entre les fonctionnements démocratiques (suffrage universel, direct ou indirect) et ceux qui ne le sont pas (suffrages restreints, censitaire ou uniquement masculin) ; les « pièges » alerteront les élèves sur le fait qu'on peut aussi accéder au pouvoir autrement : par nomination ou par filiation (voire par tirage au sort, comme ce sera évoqué plus loin, à propos de la Cité athénienne).

Fiche activité 1

▶ Thème 2/A : fiche activité 1

Tableau : Confier le pouvoir

▶ Thème 2/A : tableau

		A Suffrage universel direct	B Suffrage universel masculin	C Suffrage universel indirect	D Suffrage censitaire*
1	En France, les hommes ont obtenu le droit de vote en 1848 (les femmes l'ont obtenu en 1944).				
2	Depuis 1962, en France, le président de la République est élu par tous les citoyens (pour 7 ans jusqu'en 2002, pour 5 ans depuis cette date).				
3	Dans plusieurs pays européens, le Premier ministre est élu par le Parlement (dont les membres sont élus par les citoyens).				
4	Le Parlement européen est élu par l'ensemble des citoyens de l'Union européenne, qui comprend 28 pays.				

5	En France, le Premier ministre est nommé par le président de la République.				
6	En France, le maire est élu par les conseillers municipaux (ces derniers sont élus par les citoyens de la commune).				
7	Avant 1848, en France, seuls les hommes les plus riches avaient le droit de vote.				
8	Dans plusieurs pays européens, le roi (ou la reine) règne, mais ne gouverne pas ; il (elle) est le chef de l'État ; son pouvoir est avant tout d'ordre symbolique.				
9	Aux États-Unis, le président est élu pour 4 ans par des personnalités qui sont élues par tous les citoyens.				
10	Avant 1962, en France, le président de la République était élu par des personnalités élues (députés, sénateurs, maires, etc.).				

* Suffrage censitaire : le suffrage était restreint à une partie de la population, car seuls les citoyens les plus riches avaient le droit de vote (le cens électoral était le montant minimum de l'impôt versé à partir duquel le contribuable avait le droit de participer aux élections).

Exercices :

1) Dans le tableau ci-dessus, mettez des croix dans les cases qui conviennent (attention, ce tableau contient deux pièges !).

2) En France, les femmes ont obtenu le droit de vote environ 40 ans après les hommes.
Vrai ou faux ?

3) Aujourd'hui, en Europe, les rois ont tous les pouvoirs.
Vrai ou faux ?

Réponses :

1) A : 2 et 4 ; B : 1 ; C : 3, 6, 9, 10 ; D : 7.

Remarques :

- Le Premier ministre, en France, n'est pas élu, mais nommé par le président de la République (voir phrase n° 5).
- Lorsque le chef de l'État est un roi (ou une reine), il (elle) n'est pas élu (e), mais accède au trône par hérédité (voir phrase n° 8).

2) Faux ; 96 ans se sont écoulés entre 1848 et 1944.

3) Faux ; en Europe, aujourd'hui, les rois ne gouvernent pas, et ils ont très peu de pouvoir.

Fiche activité 2

Thème 2/A : fiche activité 2

Schémas : Suffrage direct ou indirect ?

Thème 2/A : schémas

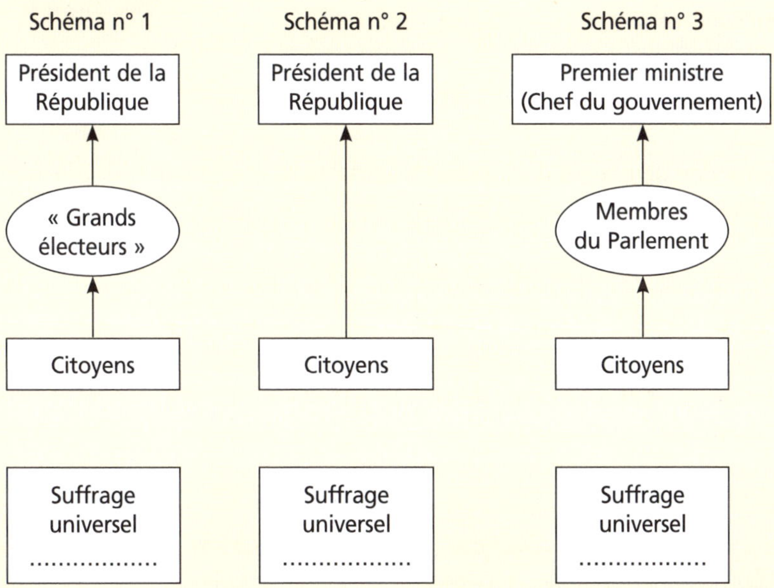

Exercices :

1) Pour chacun des trois schémas ci-dessus (sur lesquels les flèches représentent des élections), dites s'il s'agit d'une élection au suffrage universel direct ou au suffrage universel indirect.

2) Parmi les 3 schémas ci-dessus, quels sont ceux qui correspondent à une élection démocratique ?

3) Reliez par des flèches les cadres ci-dessous, qui concernent l'élection du président de la République en France :

avant 2002	mandat de 5 ans	septennat
aujourd'hui	mandat de 7 ans	quinquennat

Réponses :

1) Suffrage universel direct : schéma n° 2 ;
suffrage universel indirect : schémas n° 1 et 3.

2) Ces trois schémas correspondent à des systèmes démocratiques, puisque l'ensemble des citoyens élit ses représentants, au suffrage direct ou indirect ; à condition qu'il soit universel, le suffrage indirect n'est pas moins démocratique que le suffrage direct (selon l'article 3 de la Constitution française, « Le suffrage peut être direct ou indirect ; il est toujours universel, égal et secret. »).

3) avant 2002 – mandat de 7 ans – septennat ;
aujourd'hui – mandat de 5 ans – quinquennat

Trace écrite :

• Dans une démocratie, le pouvoir appartient au peuple, qui élit ses représentants, auxquels il confie une part du pouvoir grâce au suffrage universel.

• En France :

– le président de la République (chef de l'État) est élu, pour 5 ans, au suffrage universel direct ;

– le maire est élu, pour 6 ans, au suffrage universel indirect ;

– le Premier ministre (chef du gouvernement) est nommé par le président de la République.

• Dans plusieurs pays européens :

– le Chef de l'État est un roi ou une reine, qui règne mais ne gouverne pas ;

– le Premier ministre (chef du gouvernement) est élu par le Parlement, qui est lui-même élu par les citoyens.

• Les députés européens (qui constituent le Parlement européen) sont élus au suffrage universel direct par l'ensemble des citoyens de l'Union européenne, qui est composée de 27 pays.

B. Une longue évolution

Les éléments présentés ici montrent que la démocratie, notion très ancienne, nécessite une reconquête permanente, car son évolution est faite d'avancées et de régressions. Les confrontations qu'ils permettent conduisent vers la compréhension des principes fondamentaux de la République française et des sociétés démocratiques.

• Lanceur d'activité :

Au cours des siècles, la manière dont les hommes se sont organisés pour confier le pouvoir, pour l'exercer et pour le contrôler, a beaucoup évolué.

Le tableau ci-dessous indique pour quelques lieux et quelques époques des éléments caractéristiques d'une telle organisation. Afficher (ou vidéoprojeter) le tableau. Après l'avoir lu, on pourra répondre aux questions des deux fiches activités proposées.

Fiche activité 1

➤ Thème 2/B : fiche activité 1

Tableau : Éléments caractéristiques de l'organisation du pouvoir

➤ Thème 2/B : tableau

	Le pouvoir
a	Durant des siècles, la France a été gouvernée par des rois. Ils accédaient au trône par hérédité (en général, le pouvoir se transmettait de père en fils). Ainsi, la dynastie des Capétiens (les descendants de Hugues Capet, devenu roi en 987) est restée au pouvoir durant plus de 8 siècles.
b	La Révolution française (1789) a imposé au roi de France de partager son pouvoir avec les représentants du peuple.
c	De 1789 à 1792, Louis XVI était encore roi de France ; Louis XVIII (de 1815 à 1824), Charles X (de 1824 à 1830) et Louis-Philippe (de 1830 à 1848) se sont succédé sur le trône de France, mais ce n'étaient pas des rois absolus.
d	Dans la cité athénienne antique, au ve siècle avant J.-C. (il y a environ 2 500 ans) : – la démocratie existait déjà, partiellement ; mais seuls les citoyens libres de sexe masculin y participaient ; – chaque jour, on désignait par tirage au sort celui qui allait devenir, pour une journée, le chef de « l'État ».
e	Les rois de France qui ont régné au XVIIe et au XVIIIe siècle (Henri IV, Louis XIII, Louis XIV, Louis XV, Louis XVI) étaient, jusqu'à la Révolution française de 1789, des rois absolus : ils avaient tous les pouvoirs.
f	En Angleterre, en 1689, les souverains ont accepté un texte qui dit : « Le roi doit être soumis à la loi » ; depuis lors, le roi partage son pouvoir avec le Parlement : la monarchie absolue a été remplacée par la monarchie parlementaire.

Exercice :

Classez dans l'ordre chronologique les paragraphes a, b, c, d, e, f du tableau (thème 2/B). Pour le paragraphe « a », on retiendra la date de l'accession au trône de Hugues Capet ; pour le paragraphe « e », on retiendra le début du XVIIIe siècle.

Réponse :

d	a	f	e	b	c

Trace écrite :

– Il y a environ 2 500 ans, la Cité athénienne avait un fonctionnement démocratique ; celui-ci était certes imparfait, mais le pouvoir était confié aux citoyens.

– Après plusieurs siècles d'absolutisme royal, la Révolution française, en 1789 (cent ans après l'Angleterre) a mis fin au pouvoir absolu du roi.

– La France a connu ensuite des périodes de monarchie et de république, qui lui ont permis, progressivement, de donner le pouvoir à l'ensemble du peuple, par l'intermédiaire de représentants élus.

Fiche activité 2

➤ Thème 2/B : fiche activité 2

Exercice 1 :

À partir du tableau précédent (Éléments caractéristiques de l'organisation du pouvoir), répondez aux questions suivantes en entourant « vrai » ou « faux ». Indiquez entre parenthèses les références (de « a » à « f ») des paragraphes qui fournissent la réponse.

1) Un roi a toujours tous les pouvoirs.
Vrai ou faux ?

2) La France est le premier pays à avoir mis en place une monarchie parlementaire.
Vrai ou faux ?

3) En France, il n'y a plus de roi depuis 1789.
Vrai ou faux ?

4) C'est la France qui a inventé la démocratie, en 1789.
Vrai ou faux ?

5) Un roi absolu a tous les pouvoirs.
Vrai ou faux ?

Exercice 2 :

Répondez aux questions suivantes, en vous référant pour les questions 6 et 7 au tableau précédent (Éléments caractéristiques de l'organisation du pouvoir) :

6) Quelle est la durée la plus courte d'un mandat de « chef d'État » évoquée dans le tableau ?

7) Quelle est la durée la plus longue de l'exercice de la fonction de chef d'État évoquée dans le tableau ?

8) Quels sont les avantages d'un mandat électoral court ?

9) Quels sont les avantages d'un mandat électoral long ?

Réponses :

1) Faux (b, c, f).

2) Faux (f) : La Révolution Française de 1789 a supprimé le pouvoir absolu du roi. Mais en Angleterre, c'est depuis 1689, soit un siècle auparavant, que la monarchie absolue a été remplacée par la monarchie parlementaire, et que le roi partage son pouvoir avec le Parlement.

3) Faux (c).

4) Faux (d, 1er alinéa) : La Cité athénienne avait inventé la démocratie, il y a environ 2 500 ans ; certes, seuls les hommes libres participaient aux affaires publiques ; les esclaves et les femmes en étaient exclus ; mais la France, en 1789, n'avait pas davantage donné aux femmes accès à la vie démocratique ; celles-ci n'ont obtenu de droit de vote qu'en 1944.

5) Vrai (e).

6) Un jour (d, 2e alinéa).

7) Plusieurs siècles (a) : Le pouvoir n'était pas confié à un homme, mais à une dynastie.

8) Un mandat court permet de remettre en jeu fréquemment la confiance accordée aux élus par ceux qui leur ont confié le pouvoir.

9) Un mandat long permet aux élus de disposer de temps pour mener à bien des projets.

Complément d'informations pour l'enseignant :

Concernant la question 6 de la fiche activité 2 :

Dans la démocratie athénienne antique (ve siècle avant J.-C.), on confiait le pouvoir pendant un dixième de l'année (36 jours) aux prytanes, c'est-à-dire aux 50 délégués de l'une des 10 tribus : ils exerçaient un ensemble de rôles administratifs et religieux, notamment la rédaction de propositions de lois à soumettre à l'Ecclésia (assemblée du peuple).

Chaque jour, l'un des prytanes était désigné par tirage au sort, et devenait, pour une journée, le chef de « l'État » ; il dirigeait les travaux de la Boulè (assemblée réunissant les 500 délégués des tribus), présidait la séance de l'Ecclésia, était aussi le garde des sceaux (sceau de la cité, clés des temples). Sa fonction, pour être éphémère, n'était pas pour autant purement honorifique.

C'est sans doute là le mandat de « chef d'État » le plus court que l'histoire ait connu.

Trace écrite :

– Les fonctionnements des systèmes démocratiques sont très divers selon les pays et les époques. Ce qui est important, c'est que les décideurs soient réellement les représentants du peuple et que celui-ci puisse fréquemment leur renouveler ou leur retirer sa confiance.

C. Liberté d'expression et totalitarisme

Lanceur d'activité :

Les deux textes suivants permettront d'amorcer la discussion avec les élèves. Après les avoir lus, on complètera les deux fiches activités.

Texte 1 : Tout dire à condition de ne parler de rien

➤ Thème 2/C : textes

Figaro évoque le temps où il a voulu fonder un journal :
Pourvu que je ne parle en mes écrits ni de l'autorité, ni du culte, ni de la politique, ni de la morale, ni des gens en place, ni de l'Opéra, ni des autres spectacles, ni de personne qui tienne à quelque chose, je puis tout imprimer librement, sous l'inspection de deux ou trois censeurs.

Beaumarchais, *Le Mariage de Figaro*, acte V, scène 3 (1778)
Première représentation en 1784.

Texte 2 : Tout dire et pouvoir parler de tout

Thème 2/C : textes

« La libre communication des pensées et des opinions est un des droits les plus précieux de l'Homme : tout Citoyen peut donc parler, écrire, imprimer librement [...] »

Article 11 de la Déclaration des Droits de l'Homme et du Citoyen, 1789.

Fiche activité 1

Thème 2/C : fiche activité 1

Exercices :

À partir des textes 1 et 2 (thème 2/C), répondez aux questions suivantes.

1) En 1784, avait-on la liberté d'expression en France ?

2) De quoi Beaumarchais se moque-t-il dans cet extrait de la pièce *Le Mariage de Figaro* ?
   a. de la religion ?
   b. de la censure ?
   c. de la morale ?

3) Combien de temps après la représentation du *Mariage de Figaro* la liberté d'expression a-t-elle été proclamée en France ?

4) La démocratie peut-elle fonctionner si on interdit à ceux qui souhaitent critiquer les personnes qui ont du pouvoir de publier leurs écrits ?

Réponses :

1) Non : Les écrits étaient contrôlés.

2) Il se moque de la censure. C'est avec beaucoup d'ironie que la « liberté » d'expression affirmée (« Je puis tout imprimer librement ») contraste avec tous les éléments qui montrent qu'elle est en réalité étouffée.

3) En 1789, soit 5 ans après cette représentation, la Déclaration des Droits de l'Homme et du Citoyen a proclamé la liberté d'expression en France.

4) Le fonctionnement démocratique nécessite que les gens qui élisent leurs représentants puissent se forger une opinion sur la manière dont ceux-ci exercent leur pouvoir ; il faut donc que chacun puisse s'exprimer, échanger, communiquer à ce sujet.

Fiche activité 2

Thème 2/C : fiche activité 2

Exercices :

1) Complétez les deux phrases suivantes à l'aide des mots encadrés qui figurent ci-dessous :

démocratie	dictature

a. Le pouvoir est détenu par une personne qui l'exerce de façon autoritaire, au mépris des lois, en éliminant ceux qui s'opposent à lui : c'est la ....

b. Le pouvoir appartient au peuple, qui élit ses représentants ; le pouvoir de faire les lois (pouvoir législatif), celui de prendre des décisions (pouvoir exécutif) et celui de rendre la justice (pouvoir judiciaire) ne peuvent pas appartenir aux mêmes personnes, en vertu de la règle de la séparation des pouvoirs : c'est la ....

2) Compléter les deux énoncés suivants avec l'un des deux mots encadrés qui figurent ci-dessous :

démocratique	dictatorial

a. Le chef du gouvernement d'un pays décide d'interdire la publication de tous les journaux qui lui sont défavorables.
Une telle mesure correspond à un système ....

b. Des journalistes ont été emprisonnés : ils avaient filmé une manifestation de protestation contre le gouvernement.
Une telle mesure correspond à un système ....

Réponses :

1) a : dictature ; b : démocratie

2) a et b : dictatorial. Ces deux phrases expriment des atteintes graves à la liberté (de la presse), caractéristiques d'un système dictatorial.

Complément d'informations pour l'enseignant :

Qu'en est-il aujourd'hui de la liberté d'expression ?
Les principales limites à la liberté d'expression prévues par la loi française sont les suivantes :

- Injure ;
- Diffamation ;
- Incitation à la violence et au meurtre ;
- Incitation à la haine raciale et à l'antisémitisme ;

• Diffusion de propos négationnistes (selon lesquels on prétend que les camps de concentration n'ont pas existé à l'époque du nazisme) ;
• Apologie du terrorisme.

Dans de nombreux pays, la liberté d'expression est beaucoup plus limitée ; exemples :
• on n'a pas le droit de critiquer le chef de l'État ou le gouvernement ;
• on n'a pas le droit de s'opposer à certaines croyances religieuses officielles.

> On n'a pas le droit en France de provoquer la haine des individus ; en revanche on a parfaitement le droit de rire de toutes les croyances.[37]

Il est important d'éviter tout amalgame dans ce domaine : critiquer une religion ou en rire, ce n'est pas manquer de respect envers ses adeptes ; critiquer le judaïsme ou l'islam, ce n'est pas inciter à l'antisémitisme ou à la haine des musulmans.
On a un devoir de respect envers les hommes, et un droit d'irrespect envers les idées.

Trace écrite :

– Dans une dictature, tous les pouvoirs sont concentrés dans les mains du dictateur.

– Dans un système démocratique, les pouvoirs législatif, exécutif et judiciaire ne sont pas confiés aux mêmes personnes. C'est ce qu'on appelle « la séparation des pouvoirs ».

– « Ce qu'il y a de merveilleux dans le suffrage universel, c'est que le droit de tous est reconnu, et que celui qui n'avait jusqu'à présent eu que sa part de souffrance a désormais sa part de souveraineté. » (Victor Hugo, 1850)

---

37. Élisabeth Badinter, extrait de l'entretien avec François Pousnel, *LIRE*, mars 2015, page 57.

Thème 3

Le respect des différences

Principales notions abordées :

- Le respect d'autrui et l'acceptation des différences.
- L'égalité entre les filles et les garçons.
- La mixité à l'école.
- Les atteintes à la personne d'autrui.
- Le respect du corps entre les filles et les garçons.
- EPS : jeux et sports collectifs.
- Analyse de stéréotypes sexués.
- Le débat argumenté.
- L'antisémitisme.
- La xénophobie.
- L'égalité des droits et la notion de discrimination.
- Les fondements de la loi et les grandes déclarations des droits.
- Le droit à l'éducation.
- Les institutions à travers leurs textes fondateurs.
- La laïcité.
- Le souci d'autrui.
- La tolérance (discussion à visée philosophique).
- Les différents contextes d'obéissance aux règles.
- Les valeurs personnelles et collectives.

Objectifs :

- Respecter autrui, en tant qu'être humain.
- Comprendre la différence entre « identiques » et « égaux ».
- Prêter attention aux autres, les aider, leur éviter humiliations et injustices.
- Prendre conscience de la diversité des convictions et croyances
- Développer l'esprit de tolérance et en connaitre les limites.

Disciplines impliquées :

- Histoire.
- Science.
- Littérature.
- EPS.

Préoccupations morales et civiques par excellence, le respect d'autrui, l'acceptation des différences, la lutte contre le mépris, la discrimination, l'intolérance sont unanimement reconnus comme des priorités éducatives.

Mais il s'agit d'une lutte permanente contre d'innombrables tendances spontanées à l'égocentrisme, qu'une approche humaniste doit avant tout connaitre et reconnaitre, pour tenter de mieux les combattre.

A. Filles et garçons sur le terrain de football

Lanceur d'activité :

Le texte suivant (à afficher au tableau ou à vidéoprojeter) permettra d'amorcer le débat avec les élèves.

Texte : « Surtout pas les filles ! »

➤ Thème 3/A : texte

« Clémentine ! continua Damien, à contrecœur.

– Émilie ! enchaina Léo, sans enthousiasme.

– Justine ! poursuivit Damien, avec un soupir désespéré.

– Anthony ! dit enfin Léo, qui n'avait plus le choix.

– Et toc, il est pour toi ! s'écria Damien, soulagé.

– Déjà que j'ai sept filles dans mon équipe, c'est nul !

– Eh ben, ça t'en fera une de plus ! dit Damien en imitant la démarche lourde et déhanchée d'Anthony, ce qui fit rire ses camarades.

– C'est toujours moi qu'on prend en dernier ! Si vous ne voulez pas de moi, il faut le dire ! s'écria Anthony, qui sentait les larmes lui monter aux yeux ; il savait bien qu'il était un peu pataud, surtout sur un terrain de football, mais à chaque fois que deux capitaines formaient leurs équipes il se sentait horriblement humilié.

– T'en fais pas, intervint Magali, moi je suis la dernière en dictée, j'en fais pas une maladie !

– C'est pas pareil, répondit Anthony.

– Et moi, si je pouvais, jamais plus je ne prendrais une fille dans mon équipe, proclama Léo. Hier, Amandine a lancé le ballon dans le but qui était gardé par sa propre équipe ! Elle a marqué contre son camp, et c'est comme ça qu'on a perdu le match.

– Les minettes, c'est toutes des minables ! renchérit Aymeric.

– Aymeric a raison, une équipe de foot avec que des garçons, c'est mieux, approuva Loïc.

– Oui, mais si personne n'en veut, elles font quoi ? dit Ronald.

– De toute façon, le foot, c'est pas un sport de filles, dit Juliette. …

– Ce n'est pas parce qu'Amandine a été maladroite qu'il faut exclure toutes les filles, affirma Clara.

– On n'a pas le droit de dire que les minettes, c'est toutes des minables, dit Anne-Laure.

– Si on le pense on a le droit de le dire, protesta Pierrick.

– Ça aurait aussi pu arriver à un garçon de marquer contre son camp, reprit Anne-Laure.

– Non, les garçons, ils sont pas si nuls ! », conclut Léo.

Débat :

Questions :

Que pensez-vous de la situation décrite au début de ce texte ?
Que pensez-vous de ce que dit Magali ?
Pourquoi Anthony lui répond-il « C'est pas pareil » ?
Quels sont les sentiments éprouvés par Anthony ?
Avec quelles affirmations êtes-vous d'accord ?
Y a-t-il des répliques qui vous révoltent ?

Dans un premier temps, on laissera le débat s'engager de manière aussi libre que possible.

Face à certains propos, même révoltants, on évitera des réactions telles que « On n'a pas le droit de dire ça », « À l'école, on ne peut pas accepter ce que tu dis ».

Puis on guidera les échanges en prenant soin d'apporter des éléments précis qui inciteront les élèves à remettre en question leurs affirmations initiales, en général peu nuancées ; les « Commentaires pédagogiques pour l'enseignant » qui figurent ci-après pourront aider à faire progresser la pensée des élèves, mais aussi à comprendre leurs réactions spontanées.

Éléments de réponse :

Laisser deux élèves « capitaines » constituer leurs équipes librement est dangereux : cette technique stigmatise les derniers qui sont choisis comme étant les moins aptes à participer efficacement à un sport collectif ; ce sont parfois les plus maladroits, parfois ceux qui sont considérés, à tort ou à raison, comme les moins bons camarades.

Quoi qu'il en soit, ils sont souvent mal à l'aise, physiquement ou socialement, et leur malêtre ne peut qu'en être aggravé.

Contrairement à ce que dit Magali, et malgré ses bonnes intentions pour atténuer la peine d'Anthony, il ne s'agit pas simplement de difficulté à répondre à quelques exigences scolaires ; Anthony se sent humilié et rejeté, il est atteint dans son corps et dans son image. Les moqueries dont il est victime lui sont insupportables.

Trace écrite :

Égalité filles / garçons :

– Les filles et les garçons ont les mêmes droits et les mêmes devoirs ; toute discrimination qui concernerait l'un de ces deux groupes serait contraire à la loi.

Attention :

– « Égalité » n'est pas synonyme d'« identité » : les filles et les garçons sont différents ; leurs différences doivent être connues et acceptées ; c'est parce que nous sommes tous différents qu'il est important que, par la loi, nous soyons égaux.

– Il arrive souvent que des garçons pensent qu'ils sont « supérieurs » aux filles parce qu'ils sont, en général, physiquement plus forts qu'elles ; l'égalité, quel qu'en soit l'objet, a précisément pour objectif de refuser une telle notion, ainsi que toute domination d'un groupe sur l'autre.

Commentaires pédagogiques pour l'enseignant :

Ce n'est pas en une séance d'enseignement moral et civique que l'on éradiquera le sexisme au sein de la classe ; ce n'est pas non plus en muselant la parole spontanée des enfants, aussi difficile à entendre soit-elle, qu'on y parviendra.

Il est essentiel qu'en l'occurrence, comme en toute matière pédagogique, l'enseignant accepte l'idée que **l'erreur est une étape utile dans la construction des apprentissages,** que l'élève ira d'autant plus loin qu'il a le droit de se tromper, qu'il doit aller au bout de son erreur, que celle-ci doit être « consumée » pour qu'il puisse la corriger. Cela implique que, au cours du débat initial, **toutes les idées aient droit de cité à l'école.**

Que des garçons de 10 ou 11 ans aient une attitude sexiste, dédaigneuse envers les filles n'est pas anormal ; qu'un jeune adulte ait une telle attitude est inadmissible ; l'école est là pour aider les élèves à évoluer, peu à peu, vers l'acceptation et le respect de l'autre.

En l'occurrence, quelle que soit la direction dans laquelle le débat s'orientera, l'adulte apportera des précisions et des repères :

• l'attitude de Léo et d'Aymeric est **sexiste** ;

• on ne peut accepter les **généralisations** (traiter toutes les filles de la même manière, à partir d'un incident qui ne concerne que l'une d'elles) ;

• refuser d'accorder aux filles les mêmes droits qu'aux garçons, c'est de la **discrimination** (mettre ainsi des noms sur des comportements permet de faire prendre conscience qu'ils sont connus, en l'occurrence répandus et réprouvés) ;

• toute discrimination en fonction de la race, de la religion, du sexe, de l'origine, de la nationalité, constitue une **atteinte au respect des Droits de l'Homme** ;

• le **conflit de valeurs** qui oppose liberté d'expression et droit au respect met en évidence les limites de la première, qui ne peut justifier les injures proférées à l'encontre des filles ;

• à l'échelle internationale, des situations comparables ont engendré des conflits beaucoup plus graves : il est arrivé que des joueurs professionnels qui par inadvertance avaient marqué contre leur camp se soient fait assassiner par des *supporters* de leur équipe ; cela montre jusqu'où peut mener **l'intolérance** dont un incident comme celui qui est relaté précédemment constitue une petite illustration.[38]

B. Un enfant juif face à une foule

• Lanceur d'activité :

Le texte suivant (à afficher au tableau ou à vidéoprojeter) permettra d'amorcer le débat avec les élèves. Il pourra être commenté ainsi :
Albert Cohen évoque le souvenir très douloureux du jour anniversaire de ses dix ans, où il a été humilié publiquement par un camelot au motif qu'il était Juif (la scène se passe en 1905, à l'époque de l'affaire Dreyfus) :

Texte : Humiliation

Thème 3/B : texte

Je vis un attroupement.
C'était un camelot qui devant sa table pliante démontrait les mérites de son détacheur universel. Je me faufilai au premier rang pour mieux entendre et admirer le blond camelot aux fines moustaches.
Oh, comme j'étais heureux d'écouter ce séducteur, de rire avec les badauds, de participer, d'en être ! À chaque plaisanterie du cher camelot, je regardais mes voisins pour rencontrer leurs yeux, pour me réjouir avec eux, pour communier. [...]
[L'enfant s'approche du camelot, pour acheter trois bâtons de détacheur ; il est accueilli par des injures antisémites, des allusions à Dreyfus, et de multiples humiliations.]
Ainsi me dit le camelot dont je m'étais approché avec foi et tendresse en ce jour de mes dix ans.
Je revois son doigt tendu qui m'ordonnait de filer tandis que les badauds s'écartaient, avec des rires approbateurs, pour laisser passer le petit lépreux expulsé. Et j'obéis, la tête baissée, j'obéis et je partis, solitaire entre les deux rangs de la petite foule rigolarde, gardant mon lamentable sourire nerveux, tâchant de le rendre effronté, un sourire d'offense et d'humiliation.
Je suis parti, à jamais banni de la famille humaine, je suis parti sous les rires de la majorité satisfaite, braves gens qui s'aimaient de détester ensemble, niaisement communiant en un ennemi commun, l'étranger ; je suis parti, gardant mon sourire, sourire de la honte.

Albert Cohen, *Ô vous, frères humains*, Gallimard, 1972.

38. Pierre Hess et Ariane Perge, *Développer des compétences sociales et civiques au cycle 3 – Un autre regard sur l'instruction civique et morale*, Scérén – CNDP, 2012, pages 29 à 31.

Débat :

Questions :

Quels sentiments l'enfant éprouve-t-il ?

Comment essaie-t-il de se donner une contenance ?

Parmi les « badauds », il y a très vraisemblablement des personnes qui refusent l'antisémitisme et la xénophobie, et qui voudraient prendre la défense de l'enfant. Pourquoi ne le font-elles pas ?

Comment pourraient-elles manifester leur désapprobation à l'égard du camelot ?

Éléments de réponse :

Après s'être senti en communion avec le camelot et avec la foule, l'enfant est submergé par l'humiliation et la honte.

Devant la foule, il essaie de rendre son sourire effronté, comme s'il avait décidé de son plein gré de s'en aller.

Il faudrait beaucoup de courage pour s'opposer publiquement au camelot ; celui-ci est très sûr de ce qu'il affirme ; face à cette foule, c'est lui qui tient la vedette ; il risquerait de ridiculiser immédiatement un éventuel contradicteur ; c'est pourquoi, sans doute, ceux qui jugent ses propos révoltants font semblant d'y adhérer.

Pourtant, ils pourraient s'en aller, en signe de désapprobation ; si plusieurs badauds quittaient les lieux en même temps, la signification de leur réaction, dirigée contre le camelot, serait facile à comprendre.

Trace écrite :

– L'antisémitisme, c'est l'hostilité à l'égard des Juifs.

– La xénophobie, c'est l'hostilité à l'égard des étrangers.

– Aujourd'hui, l'incitation à la haine (raciale, antisémite, xénophobe, etc.) constitue un délit.

– Lorsqu'on est révolté par des propos, mais qu'on n'est pas capable de le dire, on peut souvent s'en aller, en signe de protestation.

Remarque : « être hostile à quelqu'un » signifie que l'on considère cette personne comme un ennemi.

C. Les Droits de l'Homme et les Droits de l'Enfant

Lanceur d'activité :

Le texte suivant (à afficher au tableau ou à vidéoprojeter) permettra d'amorcer le débat avec les élèves. On pourra ensuite distribuer et compléter la fiche activité.

Texte : Des droits parfois bafoués, même en Europe

➤ Thème 3/C : texte

A. Un patron paie les femmes qui travaillent dans son entreprise beaucoup moins que les hommes, pour un travail identique, car « elles sont souvent absentes, notamment en raison de leurs congés de maternité ».

B. Monsieur Taylor a décidé que son fils de douze ans et ses deux filles de dix et quatorze ans n'iront pas à l'école aux mois d'octobre et de novembre, car il a besoin d'elles dans son atelier de cordonnerie : c'est la saison au cours de laquelle l'activité bat son plein.

C. Le directeur des ressources humaines de la mairie de P, en Vendée, a proposé de recruter Célia. Le maire a refusé de l'embaucher, car il l'avait vue un jour entrer au temple pour assister à un culte protestant.

D. Monsieur Mbongo souhaitait louer un studio à Madrid. Mais la responsable de l'agence immobilière, en entendant son accent camerounais au téléphone, lui a fait croire que ce logement avait déjà été attribué à quelqu'un.

• Débat :

Question : Que pensez-vous de ces situations ?

Éléments de réponse :

Dans les 4 situations évoquées ci-dessus, les Droits de l'Homme ou les Droits de l'Enfant sont bafoués.

Ces situations provoqueront probablement l'indignation des élèves. Toutefois, l'obligation scolaire étant peut-être ressentie par certains d'entre eux comme une contrainte pesante, la situation B (*cf.* texte « Des droits parfois bafoués même en Europe ») peut engendrer des réactions du type « Ils ont de la chance ! ».

On pourra enrichir le débat en précisant :

• que les 4 comportements décrits sont illégaux et constituent des délits ;

• qu'en termes d'éducation et de santé, au niveau mondial, les conséquences de l'exploitation d'enfants par le travail (dans les champs, les mines, les fabriques de briques, le textile, etc.) et de l'absence d'instruction sont graves ;

• que ce sont surtout les filles qui sont victimes du manque d'instruction scolaire ; quelques exemples de taux d'alphabétisation :

- 100 % dans plusieurs pays du nord de l'Europe ;
- 99 % environ dans des pays tels que la France ou l'Allemagne ;
- > 95 % dans la plupart des pays d'Europe ;
- 50 % environ en Afghanistan pour les hommes ;
- < 20 % en Afghanistan pour les femmes.

Fiche activité

Thème 3/C : fiche activité

Exercices :

Répondez aux 2 questions suivantes, en vous référant, pour la question 1, au texte précédent (Des droits parfois bafoués même en Europe).

1) Pour chacune des 4 situations A, B, C et D, dites quels sont les articles (voir ci-dessous) qui l'interdisent en entourant la ou les lettres désignant les cas concernés.

• Déclaration des Droits de l'Homme et du Citoyen (France, 1789)

Article 6 : [...] Tous les Citoyens étant égaux [...] sont également admissibles à toutes dignités, places et emplois publics, selon leur capacité, et sans autre distinction que celle de leurs vertus et de leurs talents.

A	B	C	D

• Déclaration Universelle des Droits de l'Homme (Assemblée Générale des Nations unies, Paris, 1948)

Article 2 : Chacun peut se prévaloir de tous les droits et de toutes les libertés proclamés dans la présente Déclaration, sans distinction aucune, notamment de race, de couleur, de sexe, de langue, de religion, d'opinion politique ou de toute autre opinion, d'origine nationale ou sociale, de fortune, de naissance ou de toute autre situation.

A	B	C	D

Article 18 : Toute personne a droit à la liberté de pensée, de conscience et de religion.

A	B	C	D

Article 23 (2e alinéa) : Tous ont droit, sans aucune discrimination, à un salaire égal pour un travail égal.

A	B	C	D

Article 26 : Toute personne a droit à l'éducation.

A	B	C	D

• Convention internationale des Droits de l'Enfant (Assemblée Générale des Nations unies, New York, 1989)

Article 28 : Les États parties reconnaissent le droit de l'enfant à l'éducation, et [...] rendent l'enseignement primaire obligatoire et gratuit pour tous [...].

A	B	C	D

2) Remplacez les pointillés par le terme encadré (voir ci-dessous) qui convient :

du racisme	de l'homophobie	de la xénophobie	de l'antisémitisme

a. Être hostile aux Juifs, c'est ....
b. Être hostile aux homosexuels, c'est ....
c. Croire qu'il existe des races supérieures à d'autres, c'est ....
d. Être hostile aux étrangers, c'est ....

Réponses :

1) A : article 23 de la Déclaration universelle des Droits de l'Homme
B : article 26 de la Déclaration universelle des Droits de l'Homme
article 28 de la Convention internationale des Droits de l'Enfant
C : article 6 de la Déclaration des Droits de l'Homme et du Citoyen ;
articles 2 et 18 de la Déclaration universelle des Droits de l'Homme
D : article 2 de la Déclaration universelle des Droits de l'Homme

2) a. de l'antisémitisme ; b. de l'homophobie ; c. du racisme ; d. de la xénophobie.

Évaluation :

Fiche d'évaluation

➤ Thème 3/C : fiche évaluation

Reprendre le texte « Des droits parfois bafoués, même en Europe ».

Exercices :

1) Parmi les 4 situations décrites dans le texte (A, B, C, D), il y en a 3 dans lesquelles des personnes sont victimes de discrimination. Quelles sont ces 3 situations ?

2) À partir des trois types de discriminations proposés ci-dessous, indiquez quelles sont les situations concernées.

en fonction de l'origine	**en fonction du sexe**	**en fonction de la religion**
Situation	Situation	Situation ....

Réponses :

1) A, C, D

2) Discrimination en fonction du sexe : Situation A (le droit à l'égalité est bafoué).
Discrimination en fonction de la religion : Situation C (le droit à la liberté de conscience est bafoué ; le service public – la mairie – ne respecte pas son obligation de laïcité).
Discrimination en fonction des origines géographiques ou d'un critère racial : Situation D (le droit à l'égalité est bafoué).

Commentaires pédagogiques pour l'enseignant :

Dans la pratique scolaire habituelle, pour évoquer les Droits de l'Homme, on a souvent tendance à partir de la Déclaration des Droits de l'Homme et du Citoyen de 1789 (grâce à laquelle la France est qualifiée de « berceau des Droits de l'Homme ») ou de la Déclaration universelle des Droits de l'Homme de 1948 (qui présente le double avantage d'être plus récente et d'être signée par un nombre important de pays).

Or donner d'emblée de tels textes aux élèves est un non-sens, car ils sont réellement inintelligibles à l'école primaire ; que peut signifier à priori pour un enfant de dix ans une formule aussi abstraite que « Tous les êtres humains naissent libres et égaux en dignité et en droits » ?

En revanche, une présentation préalable d'études de cas, de situations réelles où ces droits sont bafoués suscite leur indignation et provoque de leur part des remarques telles que « Ça devrait être interdit ! ». Or les comportements en question sont interdits, par un dispositif juridique qui s'appuie précisément sur ces Déclarations, lesquelles peuvent, dès lors, aisément se charger de sens aux yeux des élèves.

Trace écrite :

– La Déclaration des Droits de l'Homme et du Citoyen (France, 1789) et la Déclaration universelle des Droits de l'Homme (Nations unies, 1948) ont pour but de garantir aux êtres humains notamment l'égalité devant la loi, l'absence de discrimination, la liberté de pensée et de conscience.

– La Convention internationale des Droits de l'Enfant (Nations unies, 1989) vise surtout à garantir aux enfants protection, bien-être et droit à l'éducation.

D. Politesse et tolérance

a. « La politesse, à quoi ça sert ? »

Lanceur d'activité :

Le titre de ce sous-chapitre, « la politesse, à quoi ca sert ? », permettra d'amorcer le débat avec les élèves. On pourra ensuite distribuer la fiche activité.

Débat :

Question : À quoi sert la politesse ?

Éléments de réponse :

Invités à exprimer leur avis sur « l'utilité » de la politesse, les élèves sont susceptibles de proposer des réponses telles que :

• « À obtenir des choses, si on dit "s'il te plait" ».

• « À ne pas se faire gronder. Il faut dire "pardon", "merci", et aussi "bonjour", même si on n'en a pas envie ; sinon c'est les parents qui disent "Dis bonjour", et alors c'est encore pire. »

• « À rien », comme diront peut-être les plus hardis, ou les plus sincères.

Ils peuvent exprimer ainsi leurs réticences à devoir respecter des règles de politesse qui leur paraissent artificielles, inutiles, et imposées.

Leurs positions sont parfois fondées, et on se gardera d'exiger de leur part, sans justification ni réflexion, le respect des règles de politesse qu'imposent les usages.

Mais on pourra éviter de trop spontanées et trop nombreuses réactions de rejet en proposant des situations où les élèves sont eux-mêmes destinataires de marques de politesse. Ainsi peut-on leur demander ce qu'ils ressentent :

• lorsqu'un copain ne leur dit plus bonjour ;

• lorsqu'ils offrent un cadeau et n'en ont aucun remerciement ;

• lorsque quelqu'un leur fait du tort et ne s'en excuse pas ;

• lorsque, durant un repas, un invité téléphone longuement et à haute voix à une de ses connaissances, sans quitter la table.

Pour aller plus loin, on pourra montrer que ces règles sont porteuses de sens.

C'est précisément pour éviter que chacun n'extériorise trop ses sentiments, ses préférences affectives, que la politesse permet à tous de se sentir à l'aise parmi les autres ; ainsi, il est important de dire « bonjour » à ceux qu'on aime beaucoup comme à ceux qu'on aime moins ; en d'autres termes, **la politesse consiste à « polir » les rapports sociaux.**

Les marques de politesse sont souvent de pures **conventions**, des **codes sociaux** qui peuvent sembler **contraires à la spontanéité** des relations sociales, inutiles, destinés à afficher un raffinement qui peut n'être qu'apparence stérile (se lever, enlever son chapeau ou sa casquette, etc.) ; elles dépendent en partie – mais en partie seulement – des lieux et des cultures : elles peuvent prendre des formes très diverses, mais elles sont toujours une manifestation de **respect** (qui peut être sincère ou non) **à l'égard d'autrui.**

Ainsi, même à travers l'acquisition automatique de certains comportements, la politesse est une manière de **rester maitre de soi et de ses sentiments** dans ses rapports avec les autres.

Fiche activité

Thème 3/D : fiche activité

Exercice :

Dans les situations ci-dessous, distinguez les **infractions à la loi** et les **incivilités** :
Écrivez « IL » pour infractions à la loi et « IN » pour incivilités devant les phrases correspondantes.

☐ a / Jouer du saxophone et de la trompette, dans un quartier habité, entre 22 heures et 6 heures du matin.

☐ b / Lorsqu'on est invité à déjeuner, commencer à manger avant que tout le monde ne soit servi.

☐ c / Ne pas se lever, dans un bus, alors que tous les sièges sont occupés et qu'une personne âgée se tient debout à côté de soi.

☐ d / Coller des chewing-gums sur une banquette dans les transports en commun (train, bus, métro, tram...).

☐ e / Ne pas saluer son voisin quand on le croise devant chez lui.

☐ f / Rester assis sur un strapontin dans le métro lorsque les passagers, debout, sont très serrés les uns contre les autres.

☐ g / Sur un escalier roulant, tenir les rampes à deux mains, ce qui empêche des gens de dépasser par la gauche.

☐ h / Voyager en train sans billet ni autre titre de transport.

☐ i / Vider sa poubelle, par terre, dans un jardin public.

☐ j / Lorsqu'on est invité à un repas, quitter la table pendant qu'on sert le plat de résistance pour aller fumer une cigarette.

Réponses :

– Infractions à la loi : a, d, h, i

– Incivilités : b, c, e, f, g, j

Trace écrite :

– Les infractions à la loi peuvent être sanctionnées par des peines ; les actes en question sont interdits.

– Les incivilités sont des actes qui traduisent un manque de savoir-vivre, un manque de respect des autres, mais qui ne sont pas interdits et ne relèvent pas du droit.

b. La politesse du roi

Lanceur d'activité :

Le texte suivant (à afficher au tableau ou à vidéoprojeter) permettra d'amorcer le débat avec les élèves.

Texte : Cérémonie mondaine

Thème 3/D : texte

Un roi avait invité à un somptueux banquet, en plus des convives habituels, un savant qu'il voulait honorer pour ses recherches et les travaux remarquables qu'il avait réalisés. À chaque place, on avait disposé un magnifique rince-doigt en cristal, à demi rempli d'eau.
Peu habitué aux cérémonies mondaines, le savant, au cours du repas, saisit le rince-doigt qui était devant lui et se mit à boire. Voyant cela, les convives, prêts à rire et à se moquer de cet hôte bizarre, se tournèrent vers le roi, attendant qu'il s'esclaffât le premier.

(récit transmis par la tradition orale)

Débat :

On interrompra le récit à ce moment, et on demandera aux élèves d'en imaginer la suite (sans doute sera-t-il nécessaire d'expliquer ce qu'est un rince-doigt).
Au cours de ce débat, on les laissera envisager plusieurs réactions possibles, concernant le roi, le savant, les autres convives.
Puis on indiquera la « vraie » fin du récit (que certains élèves auront peut-être anticipée ou connaissent) : « *Sans dire un mot, le roi prit son rince-doigt entre ses mains et but une gorgée d'eau. Tous les convives firent de même.* »

Questions :

En quoi le comportement du roi est-il magnifique ?

Si vous observez des personnes qui viennent d'autres pays ou qui ont d'autres habitudes que vous, êtes-vous étonnés, peut-être choqués par leur manière de parler, de se comporter, de s'habiller, de manger, de saluer, etc. ?

Imaginez que vous vous rendiez dans leur pays ou dans leur famille ; qu'attendriez-vous de leur part pour qu'ils vous mettent à l'aise, alors que vos manières et vos habitudes sont différentes des leurs ?

Éléments de réponse :

Par son geste, le roi évite à son invité l'humiliation, les moqueries des autres convives, et il montre qu'il respecte son hôte et sa méconnaissance des mondanités, auxquelles tous sont obligés de renoncer.

Les habitudes culturelles des autres peuvent nous étonner ou nous choquer, mais pour les mettre à l'aise on évitera de le leur faire sentir, et on essaiera de découvrir la signification de leurs comportements. On sera en droit d'attendre de leur part une attitude similaire si nous nous rendons chez eux.

Mais il faudra faire preuve de discernement : si l'attitude de quelqu'un traduit, par exemple, un mépris à l'égard des femmes, des étrangers, des handicapés, ou bien une intolérance à l'égard de ceux qui ne pensent pas comme lui, on ne pourra pas non plus faire preuve de tolérance à son égard.

Trace écrite :

– Si nous voulons comprendre ceux qui sont différents de nous, et si nous voulons qu'ils nous acceptent, avec nos différences, il est important de savoir « se mettre à leur place ».

– C'est ainsi que la tolérance peut se développer parmi les hommes. Celle-ci consiste à admettre chez autrui une manière de penser ou d'agir différente de celle qu'on adopte soi-même. Elle exprime une ouverture d'esprit, qui est nécessaire pour comprendre les autres et vivre avec eux.

– Mais la tolérance a des limites : ainsi on ne peut accepter ni la discrimination, ni le refus de respecter les Droits de l'Homme, ni le fanatisme, qui imposent des certitudes et empêchent de réfléchir.

Thème 4

L'égalité

Principales notions abordées :	– L'expression des sentiments et des émotions dans différentes œuvres. – L'égalité. – La fraternité.
Objectifs :	– Comprendre les notions de société « inégalitaire » et « égalitaire ». – Distinguer « égalité de richesses » et « égalité en droit », et connaitre quelques limites de cette dernière. – Connaitre les grandes lignes de l'évolution de cette notion, en France, du XVIIIe siècle à nos jours.
Disciplines impliquées :	– Histoire. – Littérature.

L'égalité, est-ce l'égalité des chances ? Est-ce l'égalitarisme ? Est-ce l'équité ? L'égalité en droit peut-elle être réelle lorsque les inégalités matérielles sont criantes ?

Objet d'ambigüités et de contresens, source d'incompréhensions et d'illusions, l'égalité est à la fois une notion complexe et une réalité menacée, qui requiert une attention et une vigilance particulières.

A. Un regard vers le passé

• Lanceur d'activité :

Le texte suivant (à afficher au tableau ou à vidéoprojeter) permettra d'amorcer le débat avec les élèves. Il pourra être commenté ainsi :

Beaumarchais, auteur de la pièce de théâtre *Le Mariage de Figaro* (première représentation en 1784), fait parler ainsi Figaro, un valet, qui s'adresse à son maitre, le comte Almaviva :

Texte : Aucun mérite !

Thème 4/A : texte

> Parce que vous êtes un grand seigneur, vous vous croyez un grand génie ! Noblesse, fortune, un rang, des places, tout cela rend si fier ! Qu'avez-vous fait pour tant de biens ? Vous vous êtes donné la peine de naitre, et rien de plus[41].

Complément d'informations pour l'enseignant :

À l'époque où cette pièce a été jouée, et jusqu'à la Révolution de 1789, **la société française était inégalitaire** ; elle était divisée en trois ordres (la noblesse, le clergé, le tiers-état), et selon l'ordre auquel on appartenait on n'avait pas les mêmes droits : la noblesse (les seigneurs) et le clergé (les gens d'église) avaient des **privilèges**, contrairement au tiers-état (toutes les autres personnes), qui représentait l'immense majorité de la population.

Des œuvres telles que *Le Mariage de Figaro* (pièce jouée publiquement 5 ans avant la Révolution, après plusieurs années de censure) ont eu une influence non négligeable sur l'évolution de l'opinion publique et l'abolition des privilèges (4 aout 1789).

Débat :

Questions :

Que veut dire « Vous vous êtes donné la peine de naitre, et rien de plus » ?

Pourrait-on encore dire aujourd'hui « Vous vous êtes donné la peine de naitre » à quelqu'un qui a obtenu noblesse ? fortune ? un rang ? des places ?

Éléments de réponse :

Le comte Almaviva est un seigneur ; il fait partie de la noblesse ; or la noblesse étant héréditaire, les privilèges qui s'y rattachaient étaient transmis de père en fils ; ils n'étaient pas dus au mérite de ceux qui en bénéficiaient, mais à leur origine.

Dans certains cas, on pourrait dire « Vous vous êtes donné la peine de naitre » à propos de **la fortune**, car celle-ci **est encore héréditaire aujourd'hui ;** certes, ce n'est que partiellement, et des systèmes de redistribution d'une partie des richesses existent, mais ceux qui naissent de parents fortunés ont en général, indéniablement, un avantage sur les autres (bien entendu, hériter n'est pas le seul moyen d'acquérir une fortune). Par ailleurs, pour obtenir « un rang, des places », la naissance n'est jamais un facteur suffisant, mais les inégalités dues aux origines peuvent parfois avoir une incidence déterminante ; ainsi, on ne s'offusque guère lorsque le patron d'une petite entreprise déclare « C'est mon fils qui reprendra l'affaire », même si

39. Beaumarchais, *Le Mariage de Figaro*, acte V, scène 3, 1778. Première représentation en 1784.

celui-ci n'est manifestement pas le plus apte à obtenir cette « place », et à tenir le « rang » de chef d'entreprise ; quant à la noblesse, elle est héréditaire, mais de nos jours les avantages qu'elle procure ne sont que symboliques.

B. Aujourd'hui

• Lanceur d'activité :

Les deux textes suivants (à afficher au tableau ou à vidéoprojeter) seront à confronter afin d'amorcer le débat avec les élèves. L'enseignant pourra ensuite distribuer la fiche activité.

Texte 1 : Des études en fonction des richesses ?

➤ Thème 4/B : textes

Chloé a réussi un concours difficile pour entrer dans une école de commerce privée.
Mais il fallait payer 3 000 euros de frais d'inscription, et 7 500 euros de frais de scolarité chaque année. Les parents de Chloé ne sont pas riches. La bourse qu'elle aurait pu obtenir ne lui aurait pas suffi pour payer ses études, son logement et sa nourriture, et elle ne voulait pas faire un emprunt à la banque, de peur de ne pas parvenir à le rembourser.
Elle a renoncé à s'inscrire dans cette école.

Texte 2 : Des études en fonction du mérite

➤ Thème 4/B : textes

Article 26 de la Déclaration Universelle des Droits de l'Homme (1948) :
Toute personne a droit à l'éducation. L'éducation doit être gratuite, au moins en ce qui concerne l'enseignement élémentaire et fondamental. [...] L'accès aux études doit être ouvert en pleine égalité à tous en fonction de leur mérite.

Fiche activité

Thème 4/B : fiche activité

Exercice :

Indiquez si les affirmations suivantes sont vraies ou fausses en cochant la bonne réponse ; pour l'affirmation a) vous pouvez vous référer au texte 2, « Des études en fonction du mérite » ; pour les autres affirmations, vous aurez sans doute besoin d'Internet ou de l'aide d'un adulte

a) La loi est la même pour tous.
Vrai ou faux ?

b) Le droit d'intenter un procès en justice est le même pour tous.
Vrai ou faux ?

c) La possibilité d'être défendu par un bon avocat n'est pas la même pour tous, cela dépend de la richesse de chacun ; faire appel aux services d'un bon avocat coute cher, en général.
Vrai ou faux ?

d) Les personnes les moins fortunées peuvent bénéficier de l'aide juridictionnelle, pour se faire assister par un avocat au cours d'un procès.
Vrai ou faux ?

Réponses :

Toutes ces affirmations sont vraies.

L'affirmation « c », de même que la confrontation des textes 1 et 2, permettent de **mettre en évidence quelques limites à la notion d'égalité**. Certes, en toute rigueur, l'égalité devant la loi, qui est la même pour tous, est respectée. Mais ces exemples centrés sur les inégalités économiques et leurs conséquences parfois très graves montrent que les différences de richesse peuvent avoir une incidence sur l'égalité entre les citoyens.

Trace écrite :

– Lorsqu'on parle de l'égalité, telle qu'elle figure dans notre devise républicaine, il ne s'agit pas d'une égalité de richesse mais d'une égalité en droit : la loi s'applique de la même façon à tous ; tous les citoyens ont aujourd'hui les mêmes droits, contrairement à l'époque de l'Ancien Régime (avant la Révolution française de 1789, qui a aboli les privilèges).

C. Égalité et dignité

Lanceur d'activité :

Le texte ci-après (à afficher au tableau ou à vidéoprojeter) permettra d'amorcer le débat avec les élèves. L'enseignant pourra ensuite distribuer la fiche activité.

Texte : Rejeté, renvoyé, méprisé

➤ Thème 4/C : texte

Jean Valjean a été condamné pour avoir volé un pain afin de nourrir sa famille, puis pour avoir tenté de s'évader. Il a purgé sa peine jusqu'au bout (l'histoire se déroule au XIXe siècle).

« Je m'appelle Jean Valjean. Je suis un galérien. J'ai passé dix-neuf ans au bagne. Je suis libéré depuis quatre jours et je suis en route pour Pontarlier qui est ma destination. Quatre jours que je marche depuis Toulon. Aujourd'hui j'ai fait douze lieues à pied. Ce soir, en arrivant dans ce pays, j'ai été dans une auberge ; on m'a renvoyé à cause de mon passeport jaune que j'avais montré à la mairie. Il avait fallu. J'ai été à une autre auberge. On m'a dit : "Va-t-en" ! Chez l'un, chez l'autre. Personne n'a voulu de moi.

J'ai été à la prison, le guichetier n'a pas ouvert. J'ai été dans la niche à chien. Ce chien m'a mordu et m'a chassé, comme s'il avait été un homme. On aurait dit qu'il savait qui j'étais. Je m'en suis allé dans les champs pour coucher à la belle étoile. Il n'y avait pas d'étoile. J'ai pensé qu'il pleuvrait, et qu'il n'y avait pas de bon Dieu pour empêcher de pleuvoir, et je suis rentré dans la ville pour y trouver le renfoncement d'une porte. Là, sur la place, j'allais me coucher sur une pierre. Une bonne femme m'a montré votre maison et m'a dit : "Frappe là". J'ai frappé.

– Madame Magloire, dit l'évêque, vous mettrez un couvert de plus. »

Victor Hugo, *Les Misérables*, 1862.

Fiche activité

➤ Thème 4/C : fiche activité

Exercice *:* Après avoir lu le texte « Rejeté, renvoyé, méprisé » (thème 4/C), complétez le tableau ci-dessous à l'aide des mots suivants :

société	droits	blasphème	sanction	homme
évêque	bagnard	égal	compassion	purgé

1	Jean Valjean a .... sa peine jusqu'au bout.	Il ne peut se défaire de son statut de ....
2	Il s'est « racheté », par une .... très dure.	Il reste un paria aux yeux de la ....

3	Il devrait avoir les mêmes .... que les autres hommes.	On le chasse de partout.
4	Lorsque la soirée est avancée, il ne s'attend plus à susciter la .... de qui que ce soit.	L'évêque fait preuve de générosité, et surtout d'humanité : il accueille son hôte comme un ....
5	Jean Valjean ne sait pas que l'homme qui l'accueille est un .... et affirme devant lui qu'il n'y a « pas de bon Dieu ».	L'évêque pourrait considérer ces paroles comme un .... mais il est tolérant.
6	Il pourrait être un dangereux criminel.	L'évêque ne s'enquiert pas de la faute que son hôte a commise. Il respecte en lui l'être humain, quel qu'il soit, et le traite comme son .... Il lui rend sa dignité.

Réponses : 1 : purgé – bagnard ; 2 : sanction – société ; 3 : droits ; 4 : compassion – homme ; 5 : évêque – blasphème ; 6 : égal.

Complément d'informations pour l'enseignant :

On fera remarquer aux élèves, à l'issue de cet exercice, que ce sont, comme souvent dans l'œuvre de Victor Hugo, des **contradictions** qui font la force de ce passage. Dans le tableau ci-dessus, elles sont matérialisées par la division de chacune des 6 lignes en deux parties.

Œuvre maitresse de Victor Hugo, *Les Misérables* peignent sans complaisance la société du XIXe siècle dans toute sa noirceur et tous ses contrastes. Ce roman est avant tout un plaidoyer pour la justice sociale et la reconnaissance de la dignité humaine. Il s'attache à montrer que ce qui fait la grandeur de l'homme, c'est sa conscience.

La suite (résumée ci-dessous) du passage cité plus haut est à ce titre particulièrement éloquente, et mérite d'être évoquée avec les élèves.

Après avoir passé la nuit dans la maison de son hôte, Jean Valjean dérobe des couverts en argent à l'évêque, auprès duquel la police a tôt fait de le ramener. L'évêque affirme qu'il lui a fait cadeau de ces objets, et lui donne deux chandeliers en argent, en prétendant qu'il les a oubliés en partant.

Après dix-neuf ans de bagne, Jean Valjean était devenu une brute plus qu'un homme. Mais cette générosité et ce pardon sont tellement inattendus que lorsque, quelques jours plus tard, il vole une pièce de monnaie à un jeune ramoneur, il prend soudain conscience du mal qu'il vient de lui faire, et à partir de ce moment il met toute sa force, toute son énergie et tout son cœur au service des autres, des déshérités, des oubliés, des « misérables ». C'est sans doute là, pour lui, une manière de réparer le tort qu'il a causé et de retrouver sa dignité.

L'évêque avait compris que **l'éveil de la conscience d'un homme** a plus de valeur que quelques objets en argent.

> À Jean Valjean le bagnard, rejeté de partout, méprisé, battu, avili, l'évêque de Digne ouvre sa maison. Et lorsque Jean Valjean lui dit : « Monsieur, comment pouvez-vous ainsi accueillir chez vous, sans méfiance, un homme à la mine aussi sauvage que moi, et dont vous ne connaissez même pas le nom ? », l'évêque répond ceci – qui est sublime et devrait nous inspirer tous : « Si, je le connais ton nom, tu t'appelles mon frère. » Voilà la petite histoire que nous a léguée le grand Hugo et qu'il faudra transmettre encore et encore pendant mille générations.[40]

Trace écrite :

– Aujourd'hui (contrairement au XIXe siècle), on considère que celui qui a été condamné et qui a purgé sa peine a « réparé » la faute qu'il a commise, qu'il s'est « racheté » aux yeux de la société. Il doit donc être l'égal des autres hommes, et avoir les mêmes droits qu'eux.

40. Abdennour Bidar, *Plaidoyer pour la fraternité*, Albin Michel, 2015, pages 84-85.

Thème 5

La liberté de conscience

Principales notions abordées :	– Le respect d'autrui et l'acceptation des différences. – La liberté pour chacun de croire ou de ne pas croire et le respect de ce droit chez autrui.
Objectifs :	– Prendre conscience : • de la diversité des croyances, passées et présentes ; • des caractéristiques de quelques-unes d'entre elles ; • de la possibilité de les évoquer de manière dépassionnée et distanciée ; • de la liberté de conscience telle qu'elle est garantie par la loi en France.
Discipline impliquée :	– Histoire.

Depuis des millénaires, les êtres humains s'interrogent sur l'origine de la vie, sur le sens de la vie, sur ce qu'ils deviendront après la mort, sur les relations entre les vivants et les défunts, etc.

Dieu existe-t-il ? Y a-t-il plusieurs dieux ? Est-ce l'homme qui décide de son destin ? L'homme est-il seulement constitué par son corps ? Une part de lui-même continuera-t-elle à exister après sa mort ?

Les réponses à de telles questions sont innombrables. Certaines sont religieuses, d'autres non. Certaines sont très anciennes, d'autres plus récentes. Certaines n'existent plus, d'autres sont partagées aujourd'hui par des centaines de millions d'êtres humains, d'autres par des groupes moins nombreux, et d'autres apparaitront sans doute dans le futur.

Chacun est libre d'avoir les croyances qu'il veut. Mais, quelles que soient ses propres convictions, il est important de connaitre quelques éléments des croyances passées et présentes au sein de l'humanité, et les conditions dans lesquelles elles ont pu et peuvent être exprimées.

A. Un cadre déontologique

L'enseignement des faits religieux est laïque : ce n'est évidemment pas un cours d'instruction religieuse. Les faits religieux doivent être appréhendés comme des « faits de civilisation. »

L'importance accordée à cet enseignement a fait, depuis une quinzaine d'années, l'objet de nombreux textes et commentaires.

> « Il convient dans le respect de la liberté de conscience et des principes de laïcité et de neutralité du service public, d'organiser dans l'enseignement public la transmission de connaissances et de références sur le fait religieux et son histoire. »[41]

> Les faits religieux ne font l'objet d'aucun enseignement spécifique mais sont présents dans les programmes de nombreuses disciplines [...] car ils sont un des éléments de compréhension de notre patrimoine culturel et du monde contemporain.[42]

> Toujours dans le souci de distinguer histoire et fiction – objectif qui peut être abordé en lien avec le programme de français – et particulièrement en classe de sixième en raison de l'importance qui y est accordée à l'histoire des faits religieux, les élèves ont l'occasion de confronter, à plusieurs reprises, faits historiques et croyances.[43]

> « Aucun sujet n'est *a priori* exclu du questionnement scientifique et pédagogique » : il n'y a pas de sujet tabou à l'École laïque. L'enseignement des faits religieux y a toute sa place [...] ; les faits religieux sont un élément important de la culture générale que l'élève doit acquérir.[44]

Il conviendra de parler d'enseignement « **des** » faits religieux, et non « du » fait religieux : ce serait une notion trop englobante ; le pluriel s'impose, car la réalité se décline en de nombreux faits religieux.

> Comprendre le croire n'est pas comprendre pour croire. [...] Cet enseignement laïque, qui ne prétend d'aucune façon faire pièce à la catéchèse en paroisse mais seulement diminuer le taux alarmant d'inculture, porte sur les religions, au pluriel.[45]

---

41. Rapport annexé à la loi n° 2005-380 d'orientation et de programme pour l'avenir de l'école du 23 avril 2005.
42. Eduscol : Enseignement laïque des faits religieux.
43. *Cf.* Bulletin officiel spécial n° 11 du 26 novembre 2015.
44. Ministère de l'Éducation nationale, *Charte de la laïcité à l'école, commentée* (à propos de l'article 12).
45. Régis Debray et Didier Leschi, *La Laïcité au quotidien - Guide pratique*, Gallimard, Collection folio, 2016, pages 92-93.

On pourra évoquer la notion de spiritualité (selon laquelle l'homme ne se réduit pas à sa dimension matérielle), dans laquelle s'inscrivent les religions mais aussi des conceptions du monde très diverses, telles que la philosophie bouddhiste (parfois aussi considérée comme une religion) ou certains courants humanistes : « Seul l'Esprit, s'il souffle sur la glaise, peut créer l'Homme. »[46]

Le but de cette approche n'est évidemment pas de procurer aux élèves des savoirs approfondis relatifs aux faits religieux, à l'athéisme, etc., mais de leur apporter des connaissances, fussent-elles sommaires, dans la continuité du cycle 2, dont les programmes mentionnent « Aborder la laïcité comme liberté de croire ou de ne pas croire », « Initiation aux différences entre croire et savoir ».

C'est pourquoi il n'est pas nécessaire, pour aborder ces thèmes avec les élèves, de disposer de connaissances très étendues dans ce domaine ; les éléments évoqués ci-dessous relèvent de la **culture générale**.

Contrairement aux autres thèmes étudiés, on s'en tiendra aux faits mentionnés. On **évitera toute hiérarchie entre les croyances** (y compris celles fondées sur le nombre de leurs adeptes). Il ne faut surtout pas faire de la classe un lieu de débat sur la question de la vérité de la croyance religieuse, qui ne relève pas des missions de l'école publique.

On s'abstiendra donc totalement d'engager des discussions en classe sur le bien-fondé des diverses croyances évoquées. Cette règle de fonctionnement devra être précisée avant le début des séances, afin d'éviter toute dérive.

B. De l'intolérance à la laïcité

• Lanceur d'activité :

Le tableau ci-après (à afficher au tableau ou à vidéoprojeter) sera à lire, à expliquer, puis à compléter selon les indications de la fiche activité.

46. Antoine de Saint-Exupéry, *Terre des Hommes*, Gallimard, 1939, Collection Folio, 1995, page 182.

Fiche activité

Thème 5/B : fiche activité

Tableau : Une lente évolution des idées

Thème 5/B : tableau

1	....
	Au **Moyen Âge**, et surtout au XVe siècle, en Europe, le **tribunal de l'Inquisition** condamnait les hérétiques (ceux qui ne respectaient pas le dogme de l'Église catholique) à des peines très lourdes. En 1600, à Rome, les soldats de l'Inquisition conduisent au bucher Giordano Bruno, condamné à mort pour avoir diffusé l'idée que l'univers est infini, et qu'il y a des centaines de milliers de soleils dans le ciel, ce que l'Église considère comme une hérésie. **Galilée**, qui affirmait que la Terre tourne autour du soleil, n'a échappé à une condamnation à mort qu'en se rétractant (en renonçant à cette affirmation) devant le tribunal de l'Inquisition, en 1633.
2	....
	Aux XVIe et XVIIe siècles, l'Église enseignait encore que la Terre est au centre de l'univers.
3	....
	Durant la seconde moitié du XVIe siècle, les **guerres de religion** (entre catholiques et protestants) ravagent le royaume de France. En 1598, le roi de France Henri IV promulgue l'**édit de Nantes**, qui accorde aux protestants le droit d'exercer leur culte, et met fin aux guerres de religion.
4	....
	Mais en 1685, par l'édit de Fontainebleau, le roi de France **Louis XIV révoque l'édit de Nantes**, et les protestants sont à nouveau persécutés, souvent massacrés ou obligés de fuir vers l'Europe du Nord.
5	....
	En France, sous l'Ancien Régime (jusqu'à la Révolution), selon les croyances de l'époque, le roi tenait son pouvoir de Dieu (**monarchie de droit divin**) ; il était sacré par un représentant de Dieu (en général dans la cathédrale de Reims, par l'archevêque de cette ville), ce qui lui conférait aux yeux de ses sujets une très grande autorité : critiquer le roi, ce n'était pas seulement émettre une opinion politique, c'était commettre un sacrilège.
6	....
	Au XVIIIe siècle, Condorcet considère que **l'instruction** ne peut être que laïque : elle **doit être indépendante du dogme religieux** (elle ne doit pas être soumise aux croyances imposées par une religion) ; si on enseigne la science, on n'a pas à la soumettre à la censure religieuse.

7	....
	Peu à peu, de la fin du XVIIIe siècle au début du XXe, se développe l'idée d'un État qui serait laïque, neutre entre tous les cultes, indépendant de tous les clergés (de tous les prêtres et de tous les responsables d'une religion), dégagé de la tutelle des Églises (il ne doit pas être soumis à l'autorité des Églises).

Exercice :

Compléter le tableau ci-dessus, en indiquant pour chacune des 7 lignes le titre qui convient (à choisir dans la liste suivante) :

a) Un double prestige, politique et religieux

b) Un édit de tolérance

c) Intolérance religieuse

d) Séparation des Églises et de l'État

e) Une erreur scientifique diffusée au nom de croyances religieuses

f) Un édit d'intolérance

g) Séparation de la science et de la croyance

Réponses :

1	2	3	4	5	6	7
c	e	b	f	a	g	d

Trace écrite :

En France,

– depuis 1882, l'enseignement public est laïque (on n'y enseigne pas la religion) ;*

– depuis 1905, l'État est laïque (loi de séparation des Églises et de l'État) : l'État n'a pas de pouvoir sur les Églises, et celles-ci n'ont pas de pouvoir sur l'État ;

– depuis 1958, la laïcité est inscrite dans la Constitution : « La France est une République indivisible, laïque [...]. Elle respecte toutes les croyances » (article 1).

** sauf dans les départements du Bas-Rhin, du Haut-Rhin et de la Moselle.*

Voir le Glossaire, article « Concordat ».

C. Des croyances multiples

Lanceur d'activité :

Le tableau suivant (à afficher au tableau ou à vidéoprojeter) **recense quelques exemples de croyances** qui existent ou qui ont existé dans le monde. Il permettra d'amorcer le débat avec les élèves. L'enseignant pourra ensuite distribuer les fiches activités.

Fiche activité 1

▶ Thème 5/C : fiche activité 1

Tableau : Quelques exemples de croyances passées et actuelles

▶ Thème 5/C : tableau

	D'après…	Caractéristiques
a	l'hindouisme,	il y a un très grand nombre de divinités ; Brahma, Vishnu, Ganesh, Shiva sont parmi les plus importantes.
b	....	Dieu n'existe pas ; il n'y a pas de divinité.
c	le christianisme, l'islam et le judaïsme,	l'Ange Gabriel est le messager de Dieu.
d	les religions romaines de l'Antiquité,	Neptune est le dieu de la mer, Bacchus est le dieu de la vigne et du vin, Vénus est la déesse de la beauté et de l'amour. Jupiter est le dieu suprême, il règne sur le monde.
e	....	Jésus-Christ est à la fois humain et divin. C'est le Messie, le sauveur de l'humanité.
f	....	Jésus n'est pas divin. C'est un prophète parmi d'autres.
g	....	Jésus n'est ni un prophète, ni le Messie, ni le Fils de Dieu. Le Messie n'est pas encore venu.
h	les agnostiques,	on ne peut pas savoir si Dieu existe. Il est impossible d'affirmer qu'Il existe ou qu'Il n'existe pas.
i	....	après la mort, l'âme du défunt quitte son corps et va se réincarner dans un autre corps.
j	les bouddhistes,	aussi longtemps que l'être humain reste prisonnier d'un monde d'illusions, il ne peut être heureux. C'est par la connaissance de soi-même que chacun peut accéder à sa vérité intérieure. Pratiquer la méditation aide à y parvenir.
k	....	Poséidon est le dieu de la mer, Dionysos est le dieu de la vigne et du vin, Aphrodite est la déesse de la beauté et de l'amour. Zeus est le dieu suprême, il règne sur le monde.

l	....	les dieux sont très nombreux. L'un des plus importants est Osiris, dieu des morts et de la vie éternelle. Après avoir été tué, il a ressuscité grâce à l'amour et à la magie d'Isis, qui était à la fois sa sœur et son épouse.

Exercices :

1) Complétez le tableau ci-dessus à l'aide des termes suivants :

le judaïsme | l'hindouisme | les athées | l'islam

le christianisme | les religions égyptiennes de l'Antiquité | les religions grecques de l'Antiquité

NB :
- un athée : quelqu'un qui ne croit pas en Dieu ni en aucune divinité, et qui n'a pas de religion
- le christianisme : la religion chrétienne
- l'islam : la religion musulmane
- le judaïsme : la religion juive

2) Complétez le tableau ci-dessous à l'aide des mots suivants :

l'islam | le judaïsme

	Exemples de règles religieuses	Dans quelle religion doit-on respecter ces règles ?
a	Ne pas travailler pendant le shabbat (du vendredi soir au samedi soir), pour se consacrer à la vie spirituelle (prières, lecture de la Torah, etc.)	
b	Jeuner, sauf durant la nuit, pendant le mois du Ramadan Prier 5 fois par jour Faire un pèlerinage à La Mecque une fois dans sa vie, si on en a la possibilité financière et si on est en bonne santé Ne pas représenter Dieu par des images	

3) Complétez les phrases ci-dessous à l'aide des mots suivants :

chrétiens | musulmans

a. Les catholiques, les protestants, les orthodoxes sont des ....

b. Les sunnites, les chiites sont des ....

Réponses :

1) b : « les athées, » – e : « le christianisme, » – f : « l'islam, » – g : « le judaïsme, » – i : « l'hindouisme, » – k : « les religions grecques de l'Antiquité, » – l : « les religions égyptiennes de l'Antiquité, ».

2) a : Le judaïsme – b : L'islam

3) a : chrétiens – b : musulmans

Fiche activité 2

Thème 5/C : fiche activité 2

Exercices :

1) Complétez le tableau ci-dessous à l'aide des mots suivants :

Croix | Samedi | Église | Aïd el Kébir | Bible

Mosquée | Yom Kippour (fête du Grand Pardon) | Dimanche | Coran

Religion	**chrétienne** (christianisme)	**musulmane** (islam)	**juive** (judaïsme)
Texte sacré			Torah
Jour sacré		Vendredi	
Lieu de prière et de cérémonie religieuse			Synagogue
Symbole		Croissant de lune et étoile à 5 branches	Étoile de David (à 6 branches)
Exemple de fête religieuse	Pentecôte		

2) Complétez le tableau suivant en mettant des croix dans les cases qui conviennent.

	Christianisme	**Islam**	**Judaïsme**
Religion née au Moyen-Orient			
Pratique de la prière			
Croyance en un Dieu unique			
Croyance : tous les êtres humains sont les descendants d'Adam et Ève			
Croyance : les hommes seront un jour jugés par Dieu selon leurs actes et leurs pensées (Jugement Dernier)			

3) Les trois phrases suivantes expriment-elles des croyances, des opinions ou des faits ? Cochez les bonnes réponses.

	Croyance	**Opinion**	**Fait**
L'Indonésie est le pays du monde où il y a le plus grand nombre de musulmans.			
Le pape est à la fois le chef de l'Église catholique et le chef de l'État du Vatican.			
L'islam est apparu en Arabie au VIIe siècle.			

Réponses :

1) Bible - Coran ; Dimanche - Samedi ; Église - Mosquée ; Croix ; Aïd el Kebir - Yom Kippour

2) Il convient de mettre des croix dans les 15 cases vides, car les 5 éléments cités dans la colonne de gauche sont des points de convergence des trois religions (abrahamiques) mentionnées.

3) Ces trois phrases expriment des faits ; ce sont des réalités, qui ne dépendent ni du point de vue ni des croyances de celui qui les énonce, qu'il soit musulman, athée, chrétien, bouddhiste, juif pratiquant, etc.

Fiche activité 3

➤ Thème 5/C : fiche activité 3

Exercices :

1) D'après ces extraits des deux premiers articles de la *Charte de la laïcité à l'école*, publiée en 2013 par le Ministère de l'Éducation nationale (français), répondez par oui ou par non aux 3 questions figurant dans le tableau ci-dessous :

Article 1 : « La France [...] assure l'égalité devant la loi, sur l'ensemble de son territoire, de tous les citoyens. Elle respecte toutes les croyances. »

Article 2 : « [...] L'État est neutre à l'égard des convictions religieuses ou spirituelles. Il n'y a pas de religion d'État. »

	Affirmations	Questions	Réponses
a	Un policier a arrêté un homme parce qu'il avait été surpris en train de manger dans la rue pendant le ramadan.	Cela est-il possible en France ?	
b	L'enseignement religieux catholique est obligatoire dans toutes les écoles et tous les collèges.	Cela est-il vrai en France ?	
c	Un homme a été condamné parce qu'il ne croit pas en Dieu.	Cela est-il possible en France ?	

2) Dans les deux phrases suivantes, remplacez les points de suspension par l'un des termes encadrés ci-dessous :

le catholicisme	l'islam

a. Au Qatar, aux Émirats arabes unis, en Algérie, au Pakistan, ... est religion d'État.

b. En Argentine, au Costa Rica, au Vatican, ... est religion d'État.

Réponses :

1) : a. Non, car l'État est neutre à l'égard des convictions religieuses.

b. Non, car il n'y a pas de religion d'État en France.

c. Non, car la France respecte toutes les croyances.

2) : a. l'islam ; b. le catholicisme

Évaluation :

Fiche évaluation

Thème 5/C : fiche évaluation

Exercices :

1) Dans le tableau ci-dessous, indiquez si les propositions sont vraies (V) ou fausses (F) :

	En France, aujourd'hui,	**V/F**
1	on n'a pas le droit d'avoir une religion.	
2	les religions chrétienne, musulmane, juive sont les seules religions autorisées.	
3	on a le droit d'avoir la religion de son choix.	
4	on a le droit de ne pas avoir de religion.	
5	on a le droit de croire en Dieu.	
6	on a le droit de changer de religion.	

2) Sachant que :
– le christianisme, l'islam, et le judaïsme sont des religions monothéistes,
– les religions égyptienne, grecque et romaine de l'Antiquité étaient polythéistes,
reliez par des flèches les cadres de gauche à ceux de droite :

polythéisme	croyance en un seul dieu
monothéisme	croyance en plusieurs dieux

Réponses :

1) 1 : F ; 2 : F ; 3 : V ; 4 : V ; 5 : V ; 6 : V

2) Polythéisme : croyance en plusieurs dieux / Monothéisme : croyance en un seul dieu

Trace écrite :

– Dans l'Antiquité, les Égyptiens, les Grecs, les Romains étaient polythéistes : ils croyaient en plusieurs dieux.

– Le christianisme, l'islam, le judaïsme sont des religions monothéistes : les fidèles de ces religions croient en un Dieu unique.

– Les athées ne croient en l'existence d'aucun dieu et d'aucune divinité.

– Depuis plus d'un siècle, la France est un État laïque. La laïcité ne s'oppose pas aux religions ; au contraire, elle garantit à chaque citoyen la liberté de conscience (c'est-à-dire le droit d'avoir une religion, quelle qu'elle soit, ou de ne pas avoir de religion) et le respect de toutes les croyances.

Complément d'informations pour l'enseignant :

La laïcité n'est pas un choix personnel, ni une option spirituelle, ni une croyance.

C'est l'État, ou la collectivité, qui est laïque ; ce ne sont pas les citoyens qui le sont.

Au plan individuel :

- se définir comme athée a du sens (l'athéisme consiste à nier l'existence de tout dieu et de toute divinité) ;
- se définir comme laïc n'a pas de sens (sauf pour indiquer qu'on n'est pas membre du clergé).

En France, l'État, **ses institutions, ses agents, les services publics sont laïques :** ils se doivent de garantir une neutralité absolue en matière de convictions, de respecter celles de chaque citoyen et de lui assurer un traitement égalitaire, quelles que soient ses croyances.

Historiquement, la laïcité s'est mise en place progressivement, non sans heurts. Aujourd'hui, c'est un principe qui a une base juridique, et qui est inscrit dans la Constitution.

La laïcité française constitue-t-elle une exception ?

Selon Jean Baubérot[47], la laïcité n'est l'apanage d'aucune culture, d'aucune nation ; elle peut exister dans des conjonctures où le terme n'a pas été traditionnellement utilisé ; elle repose sur trois principes :

- le respect de la liberté de conscience et de culte ;
- la séparation du religieux et du politique ;
- l'égalité des religions et des convictions (non religieuses).

En 2002, Régis Debray a recensé diverses modalités de liaison entre école, religion(s) et laïcité au sein de plusieurs pays, notamment européens[48]. À titre d'exemples :

- En **Irlande**, la constitution rend hommage à la Sainte Trinité.

47. *Le Monde*, 10 et 12 décembre 2005.

48. Voir : Régis Debray, *L'Enseignement du fait religieux dans l'école laïque - Rapport au ministre de l'Éducation nationale*, Odile Jacob, Scérén, 2002, pages 44 à 46.

• En **Grèce**, l'Église orthodoxe est Église d'État.

(Dans ces deux pays, l'enseignement religieux est **obligatoire**.)

• En **Espagne**, où il s'agit d'une catéchèse, dispensée par des professeurs choisis par l'administration publique sur une liste de candidats présentés par le diocèse, l'enseignement religieux est devenu facultatif.

• Au **Portugal**, l'enseignement religieux est assuré dans les écoles publiques par l'Église catholique.

• Au **Danemark**, où l'Église luthérienne est l'Église nationale, il y a un cours non obligatoire de « connaissance du christianisme ».

• En **Allemagne**, où l'éducation varie selon les Länder, l'enseignement religieux chrétien fait partie des programmes officiels, souvent sous contrôle des Églises, et les notes obtenues en religion comptent pour le passage dans la classe supérieure.

• En **Belgique**, les élèves ont le choix entre cours de religion et cours de morale non confessionnelle.

Par ailleurs, des modèles de fonctionnement laïques existent ou ont existé hors d'Europe, en particulier au **Mexique** (où la séparation des Églises et de l'État remonte au XIXe siècle).

Commentaires pédagogiques pour l'enseignant :

En France, aujourd'hui, des faits historiques concernant les religions sont enseignés sans difficulté dans le cadre de l'histoire : la christianisation de la Gaule, le baptême de Clovis, les églises au Moyen Âge, les massacres de la Saint-Barthélemy, Henri IV et l'édit de Nantes, la révocation de ce dernier par Louis XIV, etc.

Mais lorsqu'on aborde les religions dans un contexte historique plus proche de nous ou **impliquant la vie quotidienne**, les enseignants font souvent état d'un **malaise** dans la classe ou en dehors de la classe, en raison de comportements ou de prises de position qui sont, ou parfois semblent, en contradiction avec les valeurs de l'école.

Afin d'apaiser les situations, il est essentiel que l'élève sache que **les croyances** qui sont les siennes ou celles de sa famille **ne sont pas dénigrées par l'école**. Celle-ci « ne demande jamais de rejeter l'identité reçue du milieu familial ou social : elle offre à chacun des élèves les moyens intellectuels et culturels de faire ses propres choix en matière de convictions et de mode de vie. »[49]

Cela suppose que l'enseignant ne craigne pas d'entendre des paroles qui pourraient être prononcées en classe sur les croyances, mais qu'il les accueille avec sérénité sans les censurer à priori, qu'il soit ouvert au dialogue, qu'il soit à même de se positionner en tant qu'enseignant dans un cadre laïque, de fournir les explications nécessaires, et de se référer à la loi en cas de besoin.

C'est dans cet esprit que sont proposés ci-après quelques exemples de situations souvent déstabilisantes rencontrées dans le quotidien scolaire, ainsi que des éléments

49. Ministère de l'Éducation nationale, *Charte de la laïcité à l'école, commentée* (à propos de l'article 13 : « Nul ne peut se prévaloir de son appartenance religieuse pour refuser de se conformer aux règles applicables dans l'École de la République. »)

destinés à aider les enseignants à les traiter dans le **respect des personnes, de leurs convictions, et de la loi.**[50]

Situation 1 :

Un enseignant :
« Dans le cadre du programme d'Histoire, on étudie l'art roman et l'art gothique. Mardi dernier, entre 9 heures et 10 heures, on a visité la cathédrale, on a étudié son architecture, on a observé de nombreuses statues, des vitraux, des peintures. Un élève m'a dit que ses parents lui interdisaient de pénétrer dans une église. Je ne savais pas quoi faire. Heureusement qu'il a fini par accepter de venir avec nous à l'intérieur ! »

Éléments d'analyse et de réponse :

Les grands textes religieux, les œuvres d'art constituent un bien commun universel et ne sont pas la propriété exclusive des croyants. Leur découverte permet une véritable ouverture aux autres cultures.

En amont de la sortie, il est indispensable d'expliquer aux élèves que la visite de la cathédrale a pour objectif la découverte d'un patrimoine artistique et culturel, afin qu'aucun élève ne s'imagine qu'il s'agit par là de s'opposer à ses croyances ou à celles de sa famille.

Une telle approche gagnera à être complétée (au moyen de visites si possible, sinon par le biais de documents iconographiques) par l'étude de patrimoines artistiques et culturels que constituent des édifices religieux non chrétiens.

Si en dépit des précautions prises un élève persiste, au nom de croyances religieuses ou de l'athéisme, dans son refus d'entrer dans un édifice religieux au cours d'une visite pédagogique qui s'inscrit dans le cadre des programmes, il est en situation irrégulière et peut être sanctionné.

Remarques :

- Pour des questions de sécurité, comme on ne peut contraindre un élève à pénétrer dans un tel édifice, il est prudent de prévoir un accompagnateur pour que, le cas échéant, un élève récalcitrant ne reste pas seul à l'extérieur.
- Dans le cadre d'une sortie qui déborde le temps scolaire, les responsables légaux de l'enfant qui souhaitent s'opposer à une telle visite peuvent refuser d'autoriser l'élève à participer à la sortie, sans avoir besoin de justifier ce refus.
- Dans le cadre d'une classe transplantée, la pratique religieuse peut, à condition qu'elle n'empiète pas sur le temps scolaire, être autorisée dans un espace personnel privé (par exemple la chambre), ce qui implique l'absence de toute réunion d'élèves

50. On pourra compléter ces éléments en se reportant au *Livret Laïcité* (Ministère de l'Éducation nationale, juin 2015).

pour prier, le refus de toute pression, propagande et prosélytisme et le respect de la liberté de conscience de chacun.

Situation 2 :

Un élève de CM2 :
« À la cantine, on accepte de ne pas servir de viande de porc. Cela veut dire qu'on accepte de tenir compte des religions. Donc, il faut aussi qu'on accepte de servir de la viande halal ou kasher à ceux qui le veulent. »

Éléments d'analyse et de réponse :
La restauration scolaire est un service public facultatif proposé par les collectivités territoriales. Le fait de prévoir des menus en raison de pratiques confessionnelles ne constitue ni un droit pour les usagers ni une obligation pour les collectivités.
Ces dernières essaient souvent de répondre au mieux aux sollicitations des usagers (qui peuvent être d'ordre religieux ou non), mais sans répondre à des injonctions particulières.
Proposer un menu avec viande et un menu végétarien peut répondre à des demandes d'ordre religieux ou diététique.
En proposant une alternative au porc, le service public permet de ne pas manger une viande interdite à ceux qui la considèrent comme telle (il donne à l'élève la liberté de rester fidèle à ses convictions), mais il ne les incite pas à manger une viande prescrite. Il permet la liberté de conscience, et n'encourage pas l'obéissance à une loi religieuse.

Situation 3 :

Une élève de CM2 :
« À l'hôpital, mon père a exigé que ce soit une femme qui examine ma mère, et ils ont accepté ; il m'a dit que je n'aurais le droit d'aller à la piscine que si c'est avec une prof, mais pas avec Monsieur Durand. »

Éléments d'analyse et de réponse :
À l'hôpital, on accède parfois à des demandes de soins par du personnel féminin (ou masculin), mais ce n'est en aucun cas un droit.
Selon la *Charte de la personne hospitalisée* (2 mars 2006, article 8) :
• la personne hospitalisée est traitée avec égards, ses croyances sont respectées, son intimité est préservée ainsi que sa tranquillité ;

• l'expression des convictions religieuses ne doit porter atteinte ni au fonctionnement du service, ni à la qualité des soins, ni aux règles d'hygiène, ni à la tranquillité des autres personnes hospitalisées et de leurs proches.

À l'hôpital comme à la piscine, des réticences à dévoiler son corps peuvent avoir pour origine une pudeur, une difficulté à s'accepter physiquement, souvent sans rapport avec la religion.

En cas de besoin, on expliquera la nécessité de l'apprentissage de la natation, et son intérêt au plan interdisciplinaire.

Mais on n'hésitera pas à rappeler que :

• l'enseignement de la natation étant obligatoire, il n'appartient pas à un élève de s'y soustraire, ni à un père d'élève d'interdire à son enfant d'y participer ;

• les procédures d'évitement (dispenses de complaisance), les accommodements (séparation des garçons et des filles) sont contraires au respect des textes (obligation scolaire dans une structure mixte avec un professeur que l'on ne choisit pas) ;

• les élèves (filles ou garçons) qui refusent de se mettre en maillot de bain à la piscine dans le cadre d'un enseignement obligatoire sont en position irrégulière.

Situation 4 :

Une mère d'élève à son fils, qui est en 6e :
« Tu n'as qu'à ne plus aller au cours de SVT, si c'est pour apprendre des choses comme ça ! Ce n'est pas vrai que les hommes sont les descendants des singes ; ils ont été créés par Dieu. »

Éléments d'analyse et de réponse :

En classe, on évitera la confrontation ou la comparaison des discours scientifique et religieux. On refusera d'établir une supériorité de l'un sur l'autre comme de les mettre à égalité. Il s'agit de registres de pensée différents, et il est important de distinguer « croire » et « savoir » : les croyances sont du ressort de la liberté de conscience de chacun.

Il pourra être judicieux d'évoquer le statut des savoirs scientifiques, qui en général sont relatifs, évolutifs, et font souvent l'objet de controverses, parfois passionnantes.

Les convictions religieuses des élèves ne leur donnent pas le droit de s'opposer à un enseignement, et ne peuvent justifier un absentéisme sélectif, par exemple en EPS ou en SVT.

> « Les enseignements sont laïques. Afin de garantir aux élèves l'ouverture la plus objective possible à la diversité des visions du monde ainsi qu'à l'étendue et à la précision des savoirs, aucun sujet n'est a priori exclu du questionnement scientifique et pédagogique.
> Aucun élève ne peut invoquer une conviction religieuse ou politique pour contester à un enseignant le droit de traiter une question au programme. » (article 12 de la *Charte de la laïcité*)

> La laïcité de l'École offre aux élèves les conditions pour forger leur personnalité, exercer leur libre arbitre et faire l'apprentissage de la citoyenneté. Elle les protège de tout prosélytisme et de toute pression qui les empêcheraient de faire leurs propres choix.[51]

« La loi protège la foi aussi longtemps que la foi ne prétend pas dicter la loi. » (Aristide Briand, en 1905, année du vote de la loi de séparation des Églises et de l'Etat en France)

51. *Charte de la laïcité*, article 6.

Thème 6

Utiliser Internet à bon escient

Principales notions abordées :
- Les enjeux civiques de l'usage de l'informatique et d'Internet.
- Le jugement critique : traitement de l'information et éducation aux médias.
- Responsabilisation à l'égard du numérique.
- Les mécanismes du harcèlement et leurs conséquences.
- Les atteintes à la personne d'autrui.
- L'intégrité de la personne.
- Les valeurs personnelles et collectives.

Objectifs :
- Apprendre à ne pas être trop crédule.
- Apprendre à résister à la propagande et aux pressions.
- Apprendre à respecter l'intimité des personnes et la confidentialité des informations personnelles.
- Acquérir, peu à peu, une autonomie d'acquisition des savoirs, de jugement et de pensée.

Entre une nécessaire protection des mineurs contre propagandes, pressions, prédateurs, et un apprentissage de l'autonomie en matière d'acquisition des savoirs et de construction du libre arbitre, Internet apparait à la fois comme une puissance redoutable face à la crédulité des jeunes internautes et un outil susceptible de leur offrir le monde comme un livre ouvert à leur portée.

Il est important que les adultes (pédagogues, parents, éducateurs) trouvent un juste équilibre pour faire découvrir aux jeunes les possibilités exaltantes d'une telle ouverture tout en les conduisant, sans susciter en eux des angoisses démesurées, à faire preuve de méfiance et de discernement lorsqu'ils accèdent à l'univers insaisissable, fugace, immatériel mais bien réel du « world wide web ».

A. Faut-il se méfier d'Internet ?

a. Des enfants face à Internet

• Lanceur d'activité :

Les textes ci-dessous (à afficher au tableau ou à vidéoprojeter) permettront d'amorcer des débats avec les élèves.

• Débats :

Texte 1 : Un beau cadeau sur Internet !

➤ Thème 6/A : texte 1

> « Trop bien ! s'exclame Lorenzo. Je viens de trouver une annonce géniale sur Internet :
>
> *Indique ton mot de passe, ainsi que le nom, l'âge, l'adresse électronique, l'adresse postale de ton meilleur copain, et la profession de ses parents ; envoie sa photo ; il va recevoir un VTT gratuit dans moins de dix jours.*
>
> J'ai immédiatement scanné et envoyé la photo de Marceau, avec tous les renseignements. Il va être content, ça fait des mois qu'il veut un VTT ! »

Question : Que pensez-vous de la réaction de Lorenzo ?

Éléments de réponse :

Lorenzo est très imprudent, il a communiqué sans l'autorisation des personnes concernées :

- son mot de passe, ce qui permet à n'importe quel inconnu d'accéder à sa messagerie ;
- des renseignements confidentiels sur Marceau et ses parents (ces éléments pourront être diffusés à des fins publicitaires, commerciales, etc.) ;
- la photo de Marceau (qui pourra être utilisée pour faire un montage photographique et le publier).

Lorenzo a agi par gentillesse, par amitié, mais il fait courir de gros risques à Marceau, à ses parents, et à lui-même, car il ne s'est pas méfié du message qu'il a reçu, et qui est très vraisemblablement une tentative d'escroquerie (car personne n'a intérêt à offrir sans contrepartie un VTT à qui que ce soit).

Lorenzo est surtout très crédule. Les auteurs d'annonces telles que celle à laquelle il a répondu savent bien que les enfants sont souvent d'une grande naïveté : ils ne voient que rarement les pièges qu'on leur tend, croient facilement ce qu'on leur dit, et ne se méfient guère de ce qui est écrit.

Texte 2 : Copier-coller

➤ Thème 6/A : texte 2

Esteban devait faire un exposé sur les abeilles. Il a tapé « abeilles » sur un moteur de recherche, et il a ainsi trouvé sur Internet plusieurs sites qui proposaient des documents sur la vie des abeilles et le travail des apiculteurs ; il a fait un copier-coller d'un texte de 5 pages, dont il a tiré une version papier grâce à son imprimante. Lorsqu'il a dû présenter cela devant ses camarades, il a lu ce texte, mais il s'est rendu compte qu'il ne comprenait pas lui-même ce qu'il lisait.

Questions :

Esteban a-t-il eu raison d'utiliser Internet pour se documenter ?

Quelle erreur a-t-il commise ?

Éléments de réponse :

Internet fourmille d'informations à peu près sur tous les sujets, et c'est un réservoir de documentation très précieux. Esteban a eu raison d'y avoir recours.

Mais les explications ne sont pas toujours aisément compréhensibles. Avant de présenter à sa classe le texte qu'il avait imprimé, il aurait dû l'examiner, et :

- sélectionner les informations qui pouvaient lui être utiles en l'état et celles qui nécessitaient quelques recherches supplémentaires ou quelques explications afin qu'il puisse s'en servir pour son exposé ;
- mettre de côté les informations à ne pas utiliser, car elles étaient trop compliquées ou inutiles.

Internet donne accès très facilement à beaucoup d'informations, mais il faut se méfier de cette facilité d'accès : il ne faut pas négliger d'autres sources de renseignements, en particulier la documentation spécialement faite pour les écoliers ou les collégiens.

b. Des adolescents face à Internet

Lanceur d'activité :

Les textes ci-après (à afficher au tableau ou à vidéoprojeter) permettront d'amorcer des débats avec les élèves.

• Débats :

Texte 3 : Des messages dérangeants

➤ Thème 6/A : texte 3

Elsa a bondi de joie quand ses parents lui ont offert un téléphone pour ses 13 ans. Grâce à cet appareil, elle pourrait parler à ses amies, accéder à tout moment à sa messagerie, et se faire beaucoup d'amis sur les réseaux sociaux, tout cela sans être surveillée.

Pendant quelques semaines, ce fut pour elle un vrai bonheur de « chatter » avec des amis, connus ou inconnus ; mais un jour, elle a reçu un message anonyme : « Tu es une vraie chipie, une bonne à rien. » Elle a haussé les épaules, en se disant que celui qui l'injuriait ainsi n'avait même pas le courage de dire qui il était.

Mais depuis lors, tous les jours, elle recevait des messages du même acabit : « Tu es nulle. », « Tu n'arriveras jamais à rien. », « Tu es une créature méprisable. », « À ta place, j'aurais honte d'être juive. », « Tu ne mérites que de mourir. »

Elle a aussi remarqué que plusieurs de ses camarades de classe devenaient de plus en plus distants à son égard. Au bout d'un mois, elle en a parlé à son amie Julie, qui essayait de l'éviter depuis quelques jours, et qui a fini par lui dire que presque toute la classe avait reçu des messages de mise en garde : « Méfiez-vous d'Elsa, elle a l'air gentille comme ça, mais c'est une vraie ordure. C'est une menteuse et une voleuse. Si vous êtes son amie, et même si vous lui parlez, tôt ou tard vous le regretterez. »

Questions :

Pourquoi Elsa est-elle très joyeuse ?
Qui est-ce qui lui envoie des messages injurieux ?
Quelles sont les raisons qui pourraient expliquer cet acharnement de haine à son égard ?

Éléments de réponse :

• Elsa se réjouit de pouvoir communiquer avec beaucoup de monde. Mais elle ne s'attendait pas à recevoir des messages d'injure ; ce sont des messages anonymes, elle ne peut savoir qui les lui a envoyés. Ce sont probablement des gens qui sont jaloux d'elle, ou bien antisémites (elle est juive). Peut-être aussi n'est-ce qu'une seule personne qui lui veut ainsi du mal.

• En tout cas, ces messages ont un grand pouvoir de nuisance : la diffamation dont Elsa est victime éloigne d'elle ses camarades et ses amis.

Texte 4 : Enfin un vrai ami ?

➤ Thème 6/A : texte 4

Natacha passait de plus en plus de temps seule dans sa chambre, en disant que son meilleur ami était son ordinateur. En réalité, son meilleur ami, c'était Jérôme, qui avait treize ans, le même âge qu'elle ; elle ne l'avait jamais vu ni entendu, mais ils correspondaient sur « la toile » ; ses messages étaient drôlement bien écrits, et tout ce qu'il lui écrivait montrait qu'il était très gentil ; c'était même la première fois que quelqu'un la comprenait vraiment.

Elle lui dit un jour que le samedi suivant ses parents iraient à l'opéra, et que ce serait l'occasion de « se rencontrer pour de vrai » ; il lui a répondu qu'il viendrait à vélo, et qu'il la retrouverait au bout de sa rue, à deux cents mètres de chez elle, le samedi à 20 heures.

Pendant toute la semaine, Natacha n'a pensé qu'à ce rendez-vous dont elle se réjouissait énormément.

Le samedi, elle est allée à l'heure convenue au bout de la rue. Un homme d'une trentaine d'années lui a dit que Jérôme était son frère, qu'il n'avait pas pu venir, mais qu'il allait la conduire chez lui. Elle est montée à l'arrière de la voiture, l'homme s'est assis à côté d'elle, et le chauffeur a démarré en trombe.

C'est alors que Natacha a compris que Jérôme, ce garçon de treize ans qui écrivait des choses si douces, n'existait pas.

Questions :

Qui est Jérôme ?

Comment qualifieriez-vous le caractère de Natacha ?

À quel moment Natacha s'est-elle rendu compte de la réalité ?

Éléments de réponse :

- Jérôme n'existe pas, il a été inventé ; quelqu'un d'autre, très probablement un adulte (peut-être l'homme qui a fait monter Natacha dans la voiture), s'est fait passer, sur Internet, pour un garçon de 13 ans nommé Jérôme.
- Natacha n'a pas envisagé que son interlocuteur sur Internet puisse lui tendre un piège, qu'il puisse prendre une fausse identité et lui mentir sur son âge ; elle lui a fait confiance, elle a cru tout ce qu'il lui écrivait ; elle s'est montrée naïve, crédule.
- Elle n'a pris conscience de la situation réelle que lorsqu'elle était dans la voiture et que celle-ci a démarré.

Texte 5 : À toi de choisir

Thème 6/A : texte 5

Hugo avait déjà essayé d'embrasser Marion, mais elle avait toujours refusé ; elle n'aimait pas du tout Hugo, qu'elle trouvait égoïste et prétentieux, et qui la dégoutait un peu.
Pour fêter son anniversaire, Lionel avait invité toute la classe. Vers la fin de la soirée, Joachim, le copain de Hugo, avait entrainé Marion à boire un peu de whisky (« juste pour gouter »), puis encore un peu, puis un peu plus, et finalement Marion ne savait plus ce qu'elle faisait ni ce qu'elle disait. Joachim et Hugo l'ont fait monter sur une table, ils l'ont fait danser, elle était complètement ridicule. Hugo a filmé la scène. Le lendemain, il a montré la vidéo à Marion, qui ne se souvenait de rien et s'est à peine reconnue.
« Tu vas supprimer ça tout de suite », a-t-elle dit à Hugo.
« D'accord, lui a-t-il répondu, si tu m'embrasses pendant trois minutes ; c'est Joachim qui va chronométrer. Sinon, on va diffuser cette vidéo à tous les copains sur les réseaux sociaux. »

Questions :

Quelle est l'erreur que Marion a commise ?
Cela autorise-t-il Hugo à agir comme il le fait ?
Quelles sont les infractions que Hugo s'apprête à commettre ?

Éléments de réponse :

Marion n'aurait pas dû se laisser entrainer à boire ; sous l'effet de l'alcool, elle a perdu tout contrôle sur son propre comportement, mais cela n'autorise pas Hugo :

- à la menacer, à exercer sur elle une pression qui traduit son manque de respect envers elle ;
- à l'obliger à l'embrasser ;
- à diffuser la vidéo, qui concerne la vie privée de Marion.

Publier l'image de quelqu'un sans son autorisation, c'est interdit (lorsqu'il s'agit de « personnages publics » – acteurs, hommes politiques, sportifs célèbres, etc. –, cette affirmation est à nuancer fortement), car les personnes privées sont protégées par le « droit à l'image » ; le fait que le contenu de la vidéo soit dégradant constitue une circonstance aggravante de sa diffusion. Obliger une personne, contre son gré, à embrasser quelqu'un, c'est abuser d'elle. Ces deux comportements sont des délits.

Texte 6 : Une propagande épouvantable

Thème 6/A : texte 6

Stéphane travaillait bien au lycée, il était doux et réservé. Il se posait beaucoup de questions sur la vie, la mort, Dieu, les hommes. Les réponses qu'il trouvait dans la Bible ne le satisfaisaient pas. Il rencontra Ahmed, un jeune musulman, et se convertit à l'islam. Puis il s'éloigna d'Ahmed qui lui paraissait trop modéré et fréquenta des groupes plus « combatifs » ; il avait quitté le lycée, abandonné ses études, et passait ses jours et ses nuits sur Internet ; lorsqu'il eut dix-huit ans, il fit croire à ses parents qu'il allait partir pour La Mecque, mais en réalité il partit en Irak pour aller faire la guerre, contre les Américains.
C'est la police qui en a informé ses parents. Lors d'une perquisition, en fouillant la chambre de Stéphane, elle leur fit découvrir que, dans son ordinateur, il avait téléchargé une collection importante de vidéos qui montraient des scènes d'une cruauté effroyable et encourageaient à commettre des crimes atroces.
Quelques mois plus tard, les parents apprirent que leur fils avait été tué[55].

Questions :

Stéphane a-t-il toujours été un garçon violent ?
Quelles influences a-t-il subies par Internet ?
À ce moment-là, était-il majeur ou mineur ?

Éléments de réponse :

Stéphane, qui est d'un naturel doux et réservé, cherchait, comme beaucoup de jeunes gens, des réponses à des questions essentielles. Les vidéos qu'il a téléchargées sur Internet montrent d'horribles scènes de crimes, qui l'ont encouragé à imiter cette violence, dans la réalité. Lorsqu'il part pour faire la guerre, il est majeur, mais c'est au temps où il était mineur qu'il a subi ces influences, déterminantes pour la suite et la fin de sa vie.

c. Des adultes face à Internet

• Lanceur d'activité :

Les textes ci-après (à afficher au tableau ou à vidéoprojeter) permettront d'amorcer des débats avec les élèves. L'enseignant distribuera ensuite la fiche activité.

---

52. D'après Marc Trévidic, *Terroristes – Les 7 piliers de la déraison*, Lattès, Collection *Le Livre de Poche*, 2013, pages 88 à 105.

Débats :

Texte 7 : Trahi par son passé

Thème 6/A : texte 7

L'entretien d'embauche s'était bien passé ; le patron, Monsieur Morel, semblait content et Julien Durand était sûr d'obtenir ce poste dont il rêvait depuis longtemps. En le quittant, Monsieur Morel lui avait serré la main et lui avait dit « au revoir », avec un air entendu. Julien ne pouvait rêver mieux.
Le patron avait effectivement l'intention de l'embaucher mais, ce que Julien ne savait pas, c'est qu'avant de prendre une décision définitive il allait taper « Julien Durand » sur son moteur de recherche, et peut-être trouver des informations intéressantes.
En effet, Monsieur Morel trouva facilement le nom, l'adresse et le numéro de téléphone de son employeur précédent ; il pourrait ainsi se renseigner pour savoir pourquoi Julien n'était resté que trois semaines dans son entreprise ; pire : Monsieur Morel ne tarda pas à constater que Julien, sur son ancien réseau social, s'était vanté trois ans auparavant d'avoir consommé dans son lycée « pas mal d'alcool et de drogue, sans s'être jamais fait repérer ».
Monsieur Morel renonça à signer un contrat d'embauche avec Julien.

Questions :

Julien s'attend-il à être embauché par Monsieur Morel ?

Pourquoi Monsieur Morel n'embauche-t-il pas Julien, qui pourtant lui a fait une très bonne impression lors de l'entretien ?

Julien a-t-il conscience d'avoir été imprudent ?

Éléments de réponse :

Julien est persuadé qu'il sera embauché, car son entretien s'est bien passé. Mais il a très probablement oublié que, trois ans auparavant, il avait publié sur Internet des détails de sa vie privée qui ne sont pas à son honneur et que Monsieur Morel va retrouver sur « la toile », car ils y figurent toujours. Julien a livré lui-même des éléments qui aujourd'hui se retournent contre lui.

Texte 8 : Créateur ou voleur ?

➤ Thème 6/A : texte 8

Gérald a trouvé sur Internet les chansons les plus en vogue et il les a enregistrées ; il a aussi sélectionné sur Internet quelques dizaines de photographies artistiques, qui selon lui « allaient bien avec ces chansons » ; il a fait un montage vidéo avec ces œuvres : un fondu-enchainé de photos d'art accompagnait les chansons à succès, c'était agréable à regarder et à écouter.
Il a vendu des centaines d'exemplaires de ce montage. Cela ne lui a pas couté grand-chose, mais ça lui a rapporté beaucoup d'argent.
Jusqu'au jour où il a été dénoncé.

Question : Peut-on affirmer que Gérald a vendu ce qui ne lui appartenait pas, alors qu'il a réalisé lui-même les montages vidéo qu'il a vendus ?

Éléments de réponse :
Les montages vidéo sont de sa fabrication, mais pour les réaliser il a téléchargé des chansons et des photographies, qui sont des œuvres produites par des artistes et sont protégées : il ne s'agit pas d'une propriété matérielle (les objets vendus), mais de la propriété intellectuelle de ces œuvres ; or celle-ci n'appartient pas à Gérald ; c'est pourquoi il n'a pas le droit de vendre les montages où figurent des œuvres réalisées par d'autres.

Complément d'informations pour l'enseignant et la classe :

Quelques éléments de la législation en vigueur en France, concernant l'utilisation d'Internet et des réseaux sociaux :
Toute publication sur Internet doit garantir :
- le respect des personnes (les atteintes à la vie privée ou au secret de la correspondance, les injures et la diffamation sont interdites) ;
- la protection des mineurs contre des contenus dégradants ou violents ;
- le respect de l'ordre public, qui condamne le racisme, l'antisémitisme ou l'apologie du crime ;
- le respect de la propriété intellectuelle (droit d'auteur des œuvres littéraires, musicales, photographiques ou audiovisuelles mises en ligne).

Fiche activité

Thème 6/A : fiche activité

Exercice 1 :

Parmi les 6 situations décrites dans les textes 3, 4, 5, 6, 7 et 8 (thème 6/A), indiquez les élements de la législation française qui ne sont pas respectés, en cochant les cases qui conviennent dans le tableau ci-dessous :

Non-respect de la législation :	Textes					
	3	4	5	6	7	8
Atteintes aux personnes						
Atteintes à la vie privée						
Injures						
Diffamation						
Contenus dégradants						
Antisémitisme						
Apologie du crime						
Droit d'auteur non respecté						

Exercice 2 :

a) Parmi ces 6 situations, quelle est celle où une personne mineure est personnellement victime de harcèlement (plus précisément de cyber-harcèlement) ? Entourez la bonne réponse :

3	4	5	6	7	8

b) Dans la même situation, d'autres personnes sont victimes de cyber-intimidation. Lesquelles ?

c) Parmi ces 6 situations, quelle est celle où une personne mineure est victime d'un odieux chantage ? Entourez la bonne réponse :

3	4	5	6	7	8

d) Stéphane (texte 6) est-il une victime d'Internet ?

☐ Oui

☐ Non

e) En quoi Julien (texte 7) a-t-il été imprudent ?

f) Pourquoi est-il imprudent d'indiquer à un inconnu, un « ami sur Internet », son vrai nom, son adresse, et la période durant laquelle on partira en vacances avec toute sa famille ?

g) Comment peut-on s'identifier sur Internet si on ne veut pas prendre le risque d'indiquer son vrai nom ?

....

Réponses :

Exercice 1 :

Non-respect de la législation :	**Textes**					
	3	**4**	**5**	**6**	**7**	**8**
Atteintes aux personnes	X	X	X	X		
Atteintes à la vie privée		X	X		X	
Injures	X					
Diffamation	X					
Contenus dégradants	X		X	X		
Antisémitisme	X					
Apologie du crime				X		
Droit d'auteur non respecté						X

Exercice 2 :

a) Dans le texte 3, Elsa est victime de cyber-harcèlement.

b) Les camarades de classe d'Elsa sont victimes de cyber-intimidation, car ils sont objets de menaces s'ils ont des contacts avec elle.

c) Dans le texte 5, Marion est victime d'un chantage odieux : elle est menacée d'une double atteinte, grave, au respect de sa personne et de sa vie privée : « obligation » d'embrasser, sous le contrôle d'un autre, un garçon qui la dégoute, ou publication d'une scène dans laquelle, sous l'effet de l'alcool, elle est ridicule.

d) Stéphane a été victime, alors qu'il était mineur, d'une propagande faite de haine, de violence et d'incitation au crime, diffusée sur Internet.

e) Julien a diffusé lui-même sur Internet des éléments de sa vie privée (consommation d'alcool et de drogue lorsqu'il était au lycée) ; cela lui causera du tort trois ans plus tard, et l'empêchera d'obtenir l'emploi qu'il avait espéré ; ce qui est publié sur le web l'est de manière définitive : si quelqu'un a téléchargé une information, il pourra continuer à la faire circuler sur la toile et même son auteur ne pourra plus la supprimer.

f) De telles informations facilitent considérablement la tâche d'éventuels cambrioleurs.

g) On peut s'identifier au moyen d'un pseudo, qui permet de communiquer sous un autre nom que son vrai nom.

B. Un outil fabuleux

Lanceur d'activité :

L'enseignant distribuera la fiche activité, puis la fiche évaluation.

Fiche activité

Thème 6/B : fiche activité

Exercice :

Complétez les textes suivants à l'aide des termes encadrés qui figurent ci-dessous :

achats	mot de passe	communiquer	sources	interlocuteurs
informations	personnelles	télécharger	dialoguer	risques

1) Si on ne s'entoure pas de précautions, les .... que présente Internet sont réels. Mais, heureusement, dans la grande majorité des cas, Internet est un outil remarquable, qui permet :

- de .... avec beaucoup de gens, grâce au courrier électronique, simple et instantané, à l'échelle du monde entier ;
- de .... en ligne ;
- de se parler tout en voyant ses .... (en visio), même s'ils sont à des milliers de kilomètres de distance ;
- d'élargir son cercle de connaissances, de se faire des « amis » ;
- de trouver des .... sur tous les sujets, d'apprendre de manière autonome, et de développer considérablement son savoir ;
- d'échanger des informations et des idées ;
- de faire des .... (de marchandises et de services) en ligne, sans avoir besoin de se déplacer.

2) Pour utiliser les réseaux sociaux et Internet de manière positive, il convient de connaitre et de respecter quelques règles de sécurité, de prudence et de méfiance, en particulier :

- Ne jamais divulguer un ....
- Ne pas publier des informations .... sur soi-même ou sur d'autres personnes (adresse, photos, nom complet, etc.).
- Ne pas discuter en ligne avec des inconnus*.
- Ne jamais accepter une invitation d'une personne inconnue*.
- Ne jamais rencontrer une personne avec laquelle on a communiqué uniquement en ligne*.

- Ne pas .... des images dont on ne connait pas la source.
- Vérifier les informations que l'on recueille, car n'importe qui peut publier n'importe quoi sur le web : il est bon de recouper les informations provenant de plusieurs .... différentes avant de les considérer comme fiables.

** Règles concernant les enfants (qui n'ont en général le droit d'accéder aux réseaux sociaux qu'à partir de treize ans).*

Réponses :

Dans l'ordre d'apparition dans le texte :

1) risques – communiquer – dialoguer – interlocuteurs – informations – achats.

2) mot de passe – personnelles – télécharger – sources.

Évaluation :

Fiche évaluation

Thème 6/B : fiche évaluation

Exercice :

Dans le tableau ci-dessous, indiquez si les propositions sont vraies (V) ou fausses (F) :

	Affirmations	V/F
1	Il est imprudent d'acheter un billet de train sur le site de la SNCF.	
2	Si on discute en ligne avec quelqu'un qui a simplement mentionné son pseudo, il faut se méfier, mais s'il a indiqué nom et prénom, il n'y a pas de risque.	
3	Lorsqu'on se documente sur Internet, il est conseillé de recouper les informations provenant de sources différentes pour les vérifier.	
4	Sur la toile (le web) circulent des propagandes dangereuses qui incitent à commettre des crimes, des actes violents et cruels.	
5	Si on utilise un moteur de recherche, on pourra trouver des informations sur les volcans, mais si on tape « Mayon » on ne trouvera rien sur ce volcan des Philippines, car ce sujet est trop précis.	
6	Je peux indiquer mon mot de passe à mes meilleurs copains, mais pas à des gens que je ne connais pas.	
7	Si on a diffusé une information sur Internet, on peut toujours l'effacer, la retirer de la toile.	
8	On a le droit de télécharger sur Internet des œuvres artistiques (poèmes, musiques, photographies) et de les vendre.	

9	Les enfants et les adolescents sont plus fréquemment victimes de personnes mal intentionnées que les adultes ; ils sont souvent trop crédules et ont besoin d'être particulièrement protégés contre le harcèlement, les messages mensongers, les pièges que leur tendent des internautes peu scrupuleux.	
10	Sur Internet, les messages anonymes ne sont pas dangereux.	

Éléments de réponses :

1	2	3	4	5	6	7	8	9	10
F	F	V	V	F	F	F	F	V	F

1) Le site de la SNCF, qui est une grande entreprise publique, est sécurisé. Les voyageurs qui achètent leurs billets de train sur Internet sont très nombreux.

2) Le pseudo permet à la personne qui s'identifie ainsi de ne pas dévoiler sa véritable identité ; le pseudo protège celui qui ne veut pas qu'on puisse le reconnaitre ; mais si quelqu'un s'identifie par un nom et un prénom, rien ne garantit que ce soient ses vrais nom et prénom.

5) Sur Internet, on trouve des informations sur à peu près tous les sujets, même des sujets très spécialisés ; on trouvera bien sûr beaucoup de renseignements sur le Mayon, volcan célèbre des Philippines.

6) Indiquer à quelqu'un son mot de passe, c'est comme donner les clés de sa maison, et ne plus pouvoir les récupérer. On peut donner son mot de passe à ses parents, mais pas à ses copains, même si ce sont de très bons amis.

7) Même si on retire une information de l'endroit à partir duquel on l'a publiée sur Internet, d'autres ont pu la télécharger, et la faire circuler sur la toile.

8) On n'a pas le droit de publier, sans payer des « droits d'auteur », des œuvres qui sont protégées par le droit de la propriété intellectuelle et artistique.

10) L'anonymat protège, dans une certaine mesure, celui qui envoie des messages, car il est difficile de l'identifier, mais il ne protège pas celles et ceux qui les reçoivent.

Trace écrite :

– Internet est un outil remarquable qui permet d'accéder à des milliards d'informations et de communiquer instantanément avec le monde entier.

– Mais il ne faut pas croire tout ce qu'on y voit et tout ce qu'on y lit. Sur les sites, les messageries, les réseaux sociaux, des personnes mal intentionnées peuvent faire circuler des informations dangereuses et faire courir des risques graves aux utilisateurs peu méfiants.

Thème 7

Se forger sa propre opinion

Principales notions abordées :
- Traitement de l'information et éducation aux médias.
- La lutte contre les préjugés.
- Les stéréotypes.
- Les mécanismes du harcèlement et leurs conséquences.
- Les valeurs personnelles et collectives.

Objectifs :
- Comprendre l'importance de la notion de point de vue.
- Respecter la liberté de pensée de chacun.
- Apprendre à résister aux pressions.
- Acquérir, peu à peu, une autonomie de jugement et de pensée.

Discipline impliquée :
- Histoire.

Accompagner les élèves sur le chemin du libre arbitre suppose que l'on cultive le droit d'oser remettre en question, de refuser les idées toute faites, les certitudes, les « prêts à penser » de toute nature, en un mot que l'on cultive le devoir de douter.

Pour y parvenir, il est souhaitable que les élèves prennent conscience des influences pernicieuses auxquelles beaucoup d'individus sont soumis, et de la nécessité d'y résister ou de s'en affranchir.

A. Des réactions de l'opinion publique

• Lanceur d'activité :

Le texte ci-après (à afficher au tableau ou à vidéoprojeter) permettra d'amorcer le débat avec les élèves.

Texte : Indignés, révoltés, scandalisés ?

➤ Thème 7/A : texte

Supposons que la télévision, la radio, et les journaux diffusent les informations suivantes :

a) Inondation au Bangladesh : 300 morts et des milliers de sans-abri

b) La terre a tremblé en Italie du Nord : 10 morts

c) L'équipe de France arrive en demi-finale de la Coupe du Monde de football

d) Dans un pays d'Afrique, le régime démocratique a été renversé et un dictateur a pris le pouvoir

e) Collision entre une locomotive et un train de banlieue à Paris : 2 morts.

Ces informations vont, en France, provoquer des réactions plus ou moins importantes.

Débat 1 :

Les élèves seront invités à imaginer à quoi l'opinion publique française sera vraisemblablement la plus sensible : ils proposeront un classement possible de ces 5 informations en faisant figurer sur le schéma ci-dessous les lettres correspondant à chacune d'elles.

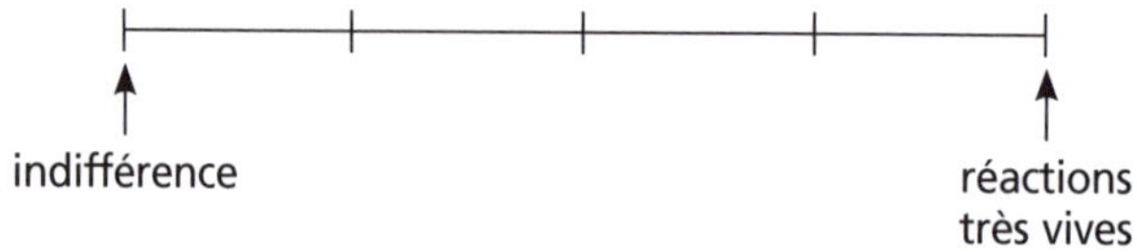

Puis on pourra se poser la question de savoir quel est, parmi les 5 **événements** cités, celui qui est **« réellement » le plus important**, à savoir celui qui aura probablement des **conséquences à long terme** pour un **très grand nombre de personnes**.

Quelle que soit la diversité des réponses proposées, ces réflexions permettront de mettre en évidence la surdétermination :

- de la **proximité géographique** par rapport à l'ampleur des tragédies évoquées ;
- de l'**importance des événements sportifs** (on pourra apporter des nuances en fonction de la notion de « **sport national** », et montrer par exemple qu'en Nouvelle Zélande une victoire au rugby est vécue aussi intensément qu'une victoire au football en France) **au détriment d'événements** tels que **l'évolution** d'un pays de la démocratie **vers la dictature**.

Cet exemple, dans le cadre de l'éducation aux médias, illustre l'importance de la **sociologie** dans la compréhension de phénomènes relatifs au « vivre ensemble » (en effet, il ne s'agit pas de demander aux élèves quels sont à leurs yeux les événements les plus importants, mais quels sont ceux dont ils supposent qu'ils feront réagir l'opinion publique) ; il offre l'occasion d'**approfondir la notion de « point de vue »** et de montrer combien celui-ci est aisément le **reflet de l'égocentrisme**, que ce dernier soit **individuel ou collectif**.

Débat 2 :

On entend dire parfois que ce sont les journalistes qui façonnent notre manière de penser, que c'est à eux de sensibiliser l'opinion publique sur ce qui est vraiment important, que c'est de leur « faute » si nous restons indifférents face à des tragédies humaines importantes.

Question : Qu'en pensez-vous ?

Éléments de réponse :

Les journalistes disposent d'un grand pouvoir (que l'on appelle souvent « le **quatrième pouvoir** »), puisque ce sont eux qui déterminent les informations qui seront publiées et celles qui ne le seront pas.

Mais ils définissent ces priorités aussi en fonction de ce dont les téléspectateurs, auditeurs de la radio, lecteurs de la presse sont demandeurs.

Leurs choix sont donc à la fois cause et conséquence des centres d'intérêt de leur public.

B. Des « évidences » parfois trompeuses

Lanceur d'activité :

Le texte ci-dessous (à afficher au tableau ou à vidéoprojeter) permettra d'amorcer le débat avec les élèves. L'enseignant pourra ensuite distribuer la fiche activité.

Texte : « C'est forcément lui ! »

➤ Thème 7/B : texte

Noémie affirme que c'est Dimitri qui lui a volé son téléphone, au collège, pendant la récréation.
« Oui, c'est Dimitri, je l'ai vu rentrer dans le bâtiment ! » s'écrie Natacha.
« Oui, c'est lui, hier il m'a pris ma gomme et il ne me l'a pas rendue ! » renchérit Clément.
David ajoute : « Bien sûr que c'est Dimitri, c'est toujours lui ! ».
« Je suis sure que c'est Dimitri ; d'ailleurs, il a l'air un peu bizarre, avec ses lunettes noires ; on dirait toujours qu'il a quelque chose à cacher », insiste Cécile.

Débat :

Question : Imaginez que vous êtes un détective, et que vous devez déterminer si Dimitri est coupable ou non.

Éléments de réponse :
Au tableau, on pourra classer les arguments des élèves en trois colonnes :

Dimitri est coupable	Dimitri n'est pas coupable	On ne sait pas
–	–	–
–	–	–
–	–	–

Les mentions qui figureront dans la 1re colonne reproduiront vraisemblablement en grande partie les arguments avancés par les protagonistes du récit.

Celles de la 2e colonne – s'il y en a – s'appuieront probablement sur des arguments du type « Ce n'est pas parce que… » (…il est entré dans le bâtiment pendant la récréation, …il n'a pas rendu la gomme, …il a l'air bizarre, …etc.) « … qu'il est coupable », pour conclure à l'innocence de Dimitri.

La tendance à vouloir à tout prix produire une réponse, affirmative ou négative, traduit, dans les deux cas, une difficulté à accepter de laisser au doute, à l'incertitude, au « non décidable » la part qui leur revient (cette attitude est similaire à celle, bien connue notamment en mathématiques, qui conduit beaucoup d'élèves à refuser qu'il puisse être impossible de répondre à une question scolaire, et à fournir des réponses à des questions sans solution, voire dépourvues de sens, telles que « l'âge du capitaine »).

En l'occurrence, compte tenu des éléments connus de la situation, un détective devra faire preuve de prudence et de scepticisme ; il refusera les intitulés péremptoires des deux premières colonnes, et renseignera la troisième, en évoquant probablement la notion de « présomption ».

Fiche activité

➤ Thème 7/B : fiche activité

Exercices :

1) Complétez le texte à l'aide des termes encadrés figurant ci-dessous.

bouc émissaire	présomptions	généralisations	
rumeur	preuve	préjugés	coupable

Dimitri est peut-être ...., mais il n'y a aucune .... contre lui. En tout cas, c'est lui le ...., c'est-à-dire celui qui est accusé à priori. Les insinuations malveillantes de certains ne sont fondées que sur des .... (il est entré dans le bâtiment), sur des .... liés à l'apparence du suspect (l'air bizarre, les lunettes noires), et sur des .... hâtives, à partir d'autres situations (il n'a pas rendu la gomme, « c'est toujours lui »). Tout cela ne peut qu'amplifier la .... à son sujet.

2) Quels sont les points communs entre le texte encadré ci-dessous et celui étudié dans l'exercice précédent ?

> Au XVIIe **siècle**, **Galilée** affirmait, **contre la pensée dominante de l'époque**, que la Terre tourne autour du soleil alors que « le bon sens » et « l'évidence », fondés sur la perception visuelle, « montraient » que « c'est le soleil qui tourne autour de la Terre, puisqu'on le voit se déplacer alors que nous restons immobiles ».

Réponses :

1) Dans l'ordre d'apparition dans le texte : coupable – preuve – bouc émissaire – présomptions – préjugés – généralisations – rumeur.

2) Dans les deux textes :

– une même conviction est partagée par la grande majorité des personnes ; c'est la « pensée dominante » ;

– on ne remet pas en question ce qui parait « évident » ;

– on ne fonde pas ses certitudes sur des preuves (mais sur des apparences, sur ce que l'on perçoit ou sur ce que l'on suppose).

Débat :

Question : Connaissez-vous des situations dans lesquelles des jugements hâtifs, des préjugés, des « évidences » ont été contredits par les faits ou par une analyse plus fine ?

Éléments de réponse :

À partir de leur vécu ou de leurs lectures, les élèves pourront citer des exemples de telles situations, dont la vie quotidienne abonde.

L'enseignant pourra enrichir le débat à l'aide de nombreux exemples : entre un évènement historique célèbre tel que l'affaire Dreyfus et un album accessible aux enfants dès la maternelle, tel que *L'Afrique de Zigomar*[53], qui illustre bien cette tendance à **se fonder sur des apparences pour étayer une conviction forgée à priori**, les références ne manquent pas.

Trace écrite :

– Il faut toujours s'interroger sur ce qui semble évident, même lorsque c'est à de très nombreuses personnes que cela apparait ainsi.

– Lorsqu'il s'agit de trouver un coupable, il faut se méfier des préjugés et de la rumeur, qui souvent ont tendance à désigner immédiatement un bouc émissaire.

C. Dilemmes

a. Comment résister à la pression du groupe ?

Lanceur d'activité :

Le texte ci-après (à afficher au tableau ou à vidéoprojeter) permettra d'amorcer le débat avec les élèves.

53. Philippe Corentin, *L'Afrique de Zigomar*, L'École des loisirs, 2001.

Texte 1 : « Tu veux faire partie de notre bande ? »

▶ Thème 7/C : texte 1

Stan, Mike et Rocky passent le plus clair de leurs loisirs juchés sur leurs mobylettes, qu'ils font pétarader aussi fort qu'ils le peuvent, très souvent sous les fenêtres de Monsieur Léon.

Celui-ci a prévenu les trois garçons : « Si vous continuez à faire du raffut avec vos pétrolettes, vous allez le regretter ; je ne suis pas le seul dans le voisinage à ne plus supporter ce bruit ! »

Mattéo rêve d'avoir aussi une mobylette. Mais surtout, il rêve de pouvoir faire partie de la bande, d'en être le quatrième. Il en a parlé un jour à Stan, qui lui a répondu : « Tout le monde voudrait faire partie de notre bande. Toi, tu n'as même pas de mob, et puis tu es trop petit. » Mattéo a failli s'étrangler ; c'est vrai qu'il n'est pas d'une stature imposante, mais il a quinze ans et demi, c'est-à-dire le même âge que Mike et Stan et six mois de moins que Rocky !

Quelques jours plus tard, c'est Rocky en personne qui vient voir Mattéo :

– Tu veux toujours faire partie de notre bande ?

– Ben oui, évidemment.

– OK. On va te confier une mission. La maison de cette ordure de Léon est derrière la tienne, de l'autre côté ; mais sa cour, là où il gare sa voiture, tu peux y arriver depuis ta cave ; alors tu vas gentiment prendre un couteau bien pointu et lui faire des dessins sur sa carrosserie bleu métallisé, ça lui apprendra.

– Pourquoi ? Qu'est-ce qu'il t'a fait ?

– À moi rien, mais il a crevé le pneu de la mob de Stan.

– Tu es sûr que c'est lui ?

– Qui d'autre veux-tu que ce soit ? Il nous l'a annoncé lui-même l'autre jour !

– Mais comment veux-tu que je fasse ? Il va me voir et m'entendre dans sa cour !

– Bon, c'est pas grave. Tu sais ce qu'il te reste à faire. Si c'est OK, tu fais partie de notre bande. Sinon, je raconte aux autres que tu es un dégonflé. C'est toi qui décides. Ciao !

• Débat :

Questions :

À votre avis, que va faire Mattéo ?

Quels sont les éléments sur lesquels Mattéo pourrait s'appuyer pour refuser de perpétrer le délit qu'on l'incite à commettre ?

Pourquoi Mattéo acceptera-t-il peut-être, malgré tout, cette « mission » ?

Éléments de réponse :

On laissera, dans un premier temps, le débat s'engager librement.

Mattéo dispose d'un grand nombre d'arguments pour refuser cette mission :

- La menace proférée par Monsieur Léon ne constitue pas une preuve de sa culpabilité (il a indiqué lui-même que d'autres personnes du voisinage étaient exaspérées par le bruit des mobylettes).
- La présomption d'innocence est bafouée par la désignation très hâtive d'un coupable.
- Il n'est pas absolument sûr que la crevaison soit le fruit d'un acte intentionnel ; peut-être s'agit-il d'un phénomène fortuit (le pneu a pu être endommagé en roulant sur un objet tranchant).
- Mattéo n'est pas concerné par cette affaire, il n'est ni victime ni témoin ni cause de quoi que ce soit.
- De toute façon, il n'appartient pas à quiconque, même à la victime, de s'ériger en justicier (« Nul ne peut faire justice à soi-même. »).
- La vengeance n'est pas autorisée, et ne permet pas d'exercer la justice.
- Il s'agit d'un odieux chantage : en souhaitant faire partie de la bande, Mattéo recherche l'amitié et l'estime des trois garçons ; Rocky lui propose d'échanger une telle reconnaissance contre un acte délictueux ; or l'amitié ne peut s'acheter et devenir un délinquant est une chose grave.

Et pourtant, il est possible que Mattéo accepte cette « mission », et que son envie d'être accepté par les trois garçons soit plus forte que tous les arguments rationnels. C'est là que réside le vrai danger. Stan et Rocky **savent bien jouer de l'influence et de l'ascendant qu'ils ont sur Mattéo** ; ils connaissent sa fragilité et en profitent. Ce faisant, ils espèrent probablement se mettre eux-mêmes à l'abri d'éventuelles poursuites judiciaires.

> La solidarité, qu'elle soit celle d'un groupe ou de toute une société, qu'elle soit d'une bande, d'une classe ou d'une nation, la solidarité est une valeur qui exige le sacrifice des intérêts particuliers, parfois de la vie, et qui par là même apparait comme hautement morale. Et pourtant la solidarité, loin de suffire à constituer la morale, peut parfois la dénaturer. Il existe chez les adolescents une « morale de la bande », aussi dangereuse que généreuse, et qu'on ne peut accepter telle quelle [...]. La valeur morale est au-delà de l'intérêt, même collectif.[54]

---

54. Olivier Reboul, *Les Valeurs de l'éducation*, PUF, 1992, p. 53.

Trace écrite :

– Se respecter soi-même, c'est souvent être capable de dire « non », pour ne pas se laisser entrainer à commettre des actes que l'on réprouve.

– Cela est d'autant plus difficile que l'on craint parfois, par un refus, de perdre l'estime de l'autre.

– En réalité, c'est souvent en disant « non » que l'on parvient le mieux à se faire respecter.

Commentaires pédagogiques pour l'enseignant :

Il est nécessaire de faire sentir aux élèves que, surtout pour les adolescents, de telles situations peuvent constituer de vrais dilemmes, difficiles à résoudre, car ils sont tiraillés entre ce que leur dicte leur conscience et un besoin profond d'amitié et d'appartenance à un groupe.

Si les élèves de cycle 3 ont une expérience de l'adolescence, c'est par l'intermédiaire de leurs ainés (frères, sœurs, connaissances). Mais il est indispensable de les faire réfléchir à de tels dilemmes pendant qu'il en est encore temps, c'est-à-dire avant l'adolescence, pour les mettre en garde contre ce risque réel, qui les concerne moins directement que leurs ainés : la reconnaissance par les pairs, l'estime qu'accorde le groupe revêtent une importance vitale à cet âge, si bien qu'un adolescent risque de se laisser influencer bien au-delà de ce qui est acceptable à ses propres yeux, de se laisser entrainer à commettre des actes qu'il réprouve au fond de lui-même, pour ne pas perdre l'estime de ses camarades.

b. La loi du village

Lanceur d'activité :

Le texte ci-dessous (à afficher au tableau ou à vidéoprojeter) permettra d'amorcer avec les élèves un débat, qui pourra avoir pour objet la compréhension du titre du texte lui-même : « Un héros incompris ». L'enseignant pourra ensuite distribuer la fiche activité.

Texte 2 : Un héros incompris

➤ Thème 7/C : texte 2

Yakouba est l'histoire d'un jeune garçon africain qui, comme ses camarades, doit passer plusieurs jours dans la brousse et tuer un lion pour prouver qu'il est un homme, et être reconnu comme un guerrier par les habitants de son village.
Un soir, Yakouba rencontre un lion, épuisé, qui dit au jeune garçon : « Si tu me tues, tu n'auras aucun mérite, mais tu seras un homme aux yeux de tes frères ; si tu renonces à me tuer, tu seras banni par les tiens, méprisé par tes semblables, mais tu sortiras grandi à tes propres yeux. Tu as la nuit pour réfléchir. »
Le grand jour arrive. Tous les villageois attendent le retour des garçons. Le père de Yakouba attend le retour de son fils. Yakouba est le seul à n'avoir pas tué de lion. Les autres garçons deviennent des guerriers. À Yakouba, on confie la garde des troupeaux, un peu à l'écart du village.

d'après l'album de Thierry Dedieu, *Yakouba*, Seuil, Collection « Seuil Jeunesse », 1994.

Fiche activité

➤ Thème 7/C : fiche activité

Exercice :

À partir du texte 2 « Un héros incompris » (thème 7/C), répondez à la question suivante : Parmi les 4 alternatives ci-dessous (a, b, c, d), quelles sont celles qui correspondent au choix que doit faire Yakouba ? Entourez les lettres qui correspondent aux bonnes propositions.

a	Accepter les valeurs guerrières des villageois.	**ou**	Refuser un accueil triomphal non mérité.
b	Affronter le lion.	**ou**	Fuir par peur.
c	Accepter la lutte meurtrière.	**ou**	Préférer la paix à une victoire facile.
d	Être admiré et estimé par les siens.	**ou**	Être méprisé par les autres, mais gagner l'estime de soi-même.

Réponse : a, c, d

À l'exception du dilemme « b », toutes ces alternatives rendent compte du conflit de valeurs auquel Yakouba est confronté durant la nuit ; il refusera le premier terme de chacune de ces alternatives ; ce choix est réellement héroïque pour ce qui concerne le dilemme « d ».

Ici, « courage » ne s'oppose pas à « lâcheté » : les autres garçons font preuve de courage en affrontant et en tuant un lion au péril de leur vie (dilemme « b ») ; Yakouba fait preuve aussi de courage, il renoncera à l'estime des autres, il ne sera pas reconnu par les siens, et il sera mis à l'écart du village. Un courage dont personne, à part lui, n'aura connaissance.

Commentaire pédagogique pour l'enseignant :

Il est conseillé de s'appuyer sur l'album lui-même[55], qui est admirablement réalisé, tant pour ce qui concerne le texte que les illustrations.

Trace écrite :

– Il faut beaucoup de courage pour gagner l'estime de soi-même en restant fidèle à ses propres valeurs, lorsque cela impose de renoncer à l'estime de ceux qui vous entourent.

Évaluation :

Texte 3 : Céder ou résister ?

➤ Thème 7/C : texte 3

Sébastien a dit à Martin que s'il voulait être un homme, s'il ne voulait pas être traité de « mauviette » par les grands, s'il voulait continuer à faire partie de leur bande, il fallait qu'il fume, « comme les autres ». Sébastien lui a proposé d'aller se cacher dans les toilettes et de lui allumer une cigarette.

Martin avait déjà essayé une fois, la fumée l'avait fait tousser, il n'avait pas envie de recommencer. Et puis il ne voulait pas devenir comme son oncle, qui était devenu l'esclave du tabac depuis l'âge de 13 ans. Mais il ne voulait pas non plus être la risée du groupe, ni perdre tous ses copains, lui qui n'avait pas un seul ami dans sa classe !

55. Thierry Dedieu, *Yakouba*, Seuil, Collection « Seuil Jeunesse », 1994.

Fiche évaluation

➤ Thème 7/C : fiche évaluation

Exercice :

Après avoir lu le texte 3 « Céder ou résister ? » (thème 7/C), répondez aux questions suivantes :

1) Quelles sont les raisons qui pourraient inciter Martin à accepter la proposition de Sébastien ?

2) Quels arguments pourrait-il utiliser pour la refuser ?

3) Que va-t-il se passer, à votre avis, s'il refuse ?

Éléments de réponse :

1) S'il accepte ce chantage :
- C'est pour ne pas être ridicule devant les « grands ».
- C'est parce qu'il a peur de perdre ses copains, plus âgés que lui.
- C'est peut-être pour vaincre sa crainte de tousser.
- C'est peut-être aussi pour faire une expérience nouvelle.

2) Des arguments pour refuser ce chantage :
- La cigarette, c'est mauvais pour la santé.
- Fumer coute cher.
- On peut facilement devenir esclave du tabac, ne plus pouvoir s'en passer.
- Si c'est le prix à payer pour se rapprocher de ce groupe, ça n'en vaut pas la peine, mieux vaut renoncer au groupe.

3) En réalité, si Martin résiste à ce harcèlement, s'il réussit à dire « non », s'il agit en fonction de ses propres convictions, il est probable que ses camarades le respecteront plus que si, par faiblesse, il accepte ce chantage.

Conclusion : une tentation redoutable

Revenons à présent, comme nous l'avons fait au début de cet ouvrage, à des réflexions qui s'adressent directement aux enseignants, et qui, dans un premier temps, les concerneront sans doute davantage en tant que citoyens qu'en tant que pédagogues. Mais les échanges que nous leur proposons durant quelques instants permettront ensuite de redécouvrir la richesse de leur mission éducative dans toute sa dimension fondamentalement humaniste.

Examinons la citation suivante, et essayons de déterminer quel peut en être l'auteur :

> J'affranchis l'homme de la contrainte d'une raison qui voudrait être son propre but ; je le libère d'une avilissante chimère qu'on appelle conscience ou morale, et des exigences d'une liberté individuelle que très peu d'hommes sont capables de supporter.

Ce texte renferme trois pièges :

- il est un peu complexe, assez difficile à comprendre d'emblée, et nécessite en général deux ou trois relectures ;
- l'idée de « liberté » apparait 3 fois (« *J'affranchis* » ; « *je le libère* » ; « *des exigences d'une liberté* ») ;
- il s'appuie sur une vérité : il est difficile, en effet, de supporter les exigences d'une liberté individuelle lorsqu'il s'agit de conscience ou de morale ; il est angoissant d'être soi-même seul responsable de sa propre pensée (d'où la tendance à se chercher souvent un guide), ce qui pousse à adhérer aux propos émis.

C'est pourquoi des enseignants invités à deviner quel est l'auteur de cette phrase supposent souvent que cette citation est de Jésus-Christ, d'un religieux, de Gandhi, du Dalaï Lama, d'un philosophe, de Rousseau, de Voltaire…

Une lecture plus attentive permet de percevoir que, si on parle ici de liberté, il s'agit de la confisquer (en « libérant » l'homme des exigences de la liberté individuelle).

L'ajout de la première phrase (« *La Providence m'a désigné pour être le grand libérateur de l'humanité.* ») conduit en général vers la réponse véritable : « un dictateur ».

Le vrai danger que présente un tel texte en est l'idée maitresse, très allèchante : « Je pense pour vous ».

La redoutable tentation dont il est question ici est bien sûr celle de la **soumission**. Nombreux sont les êtres humains qui acceptent avec une facilité inquiétante de laisser autrui penser à leur place, de soumettre à d'autres leur droit de penser, et de **se laisser conduire par un « guide »**.

Ceux qui connaissent la traduction de ce mot en allemand (*Führer*) auront deviné quel est l'auteur de ces lignes. Le lecteur nous pardonnera la publication de cet extrait, rapporté par Bruno Gaudiot dans son ouvrage *Adolf Hitler – L'archaïsme déchaîné*[56], et qui ne peut manquer de faire penser à la sinistre formule *Arbeit macht frei* (« Le travail rend libre »), laquelle exaltait aussi la liberté, à l'entrée du camp d'Auschwitz. Mais cet exemple montre à quel point il est aisé de se laisser piéger par les mots, et de souscrire à des propos auxquels on n'adhère pas.

> « Sapere aude ! » Ose savoir, aie le courage de te servir de ton propre entendement.[57]

> La perversion fondamentale de l'hitlérisme n'était pas le racisme ou la guerre, mais l'asservissement total de la pensée qui rendait le racisme tout-puissant et la guerre inévitable.[58]

À la fin de l'école primaire, les élèves connaissent en général le mot « démocratie », mais très rarement le mot « dictature », pourtant indispensable à la compréhension du monde.

Les crimes nazis remontent à plusieurs décennies (c'est-à-dire, pour les enfants, à une époque où l'humanité était encore barbare, comme au temps de l'Inquisition où l'on brulait les sorcières), mais le risque de dictature est loin d'appartenir au passé.

Mettre les élèves en garde contre les dangers qui menacent tout fonctionnement démocratique, contre la **tentation de tout sacrifier à un principe unique, à une pensée unique, à un chef** devant lequel on se prosterne et dont on ne remet pas en question les affirmations ni les commandements, en un mot contre tout **risque d'asservissement de la pensée**, c'est précisément une mission essentielle de tout enseignement moral et civique.

Il s'agit, avant tout, d'aider les élèves à apprendre à penser. En leur apprenant à **douter de ce qui est affirmé** de façon péremptoire, à admettre qu'il ne faut **jamais s'interdire de changer d'opinion,** à cultiver leur **libre arbitre**, l'école peut conduire les élèves, pas à pas, vers une réflexion de plus en plus personnelle, vers un jugement de plus en plus autonome, et assumer ainsi pleinement son rôle émancipateur.

---

56. Bruno Gaudiot, *Adolf Hitler - L'archaïsme déchaîné*, L'Harmattan, 2001, page 81.

57. Emmanuel Kant, *Qu'est-ce que les Lumières ?*, 1784.

58. Olivier Reboul, *L'Endoctrinement*, PUF, 1977, p. 164.

Quelques références relatives au risque « ordinaire » de soumission

L'expérience de Stanley Milgram

La fameuse expérience de Stanley Milgram date du début des années 60 ; elle a été reprise par le film « I comme Icare »[59] qui, dans l'une de ses scènes, montre à quel point il est facile de persuader un homme qu'il doit continuer à faire souffrir un de ses semblables, alors que celui-ci (en l'occurrence un acteur qui simule la douleur, mais ceci à l'insu de son « tortionnaire ») le supplie d'arrêter de lui envoyer des décharges électriques dont l'intensité est prétendument fonction des défaillances de sa mémoire ; l'expérience (encadrée par des universitaires) est présentée comme ayant pour objet les capacités mnémoniques, alors qu'il s'agit en réalité de mesurer le degré de soumission d'une population à l'autorité. Elle montre que des sujets ordinaires peuvent se comporter en bourreaux, dès lors qu'ils sont soumis à une autorité qu'ils ne remettent pas en question.

La Vague / Todd Strasser, Pocket, février 2009

L'expérience menée dans un lycée californien par un professeur d'histoire dans les années 70, qui a inspiré notamment l'ouvrage de Todd Strasser intitulé *La Vague*, montre combien il est facile de fanatiser des êtres humains (en l'occurrence, des adolescents), et d'obtenir de leur part une docilité effrayante, une intolérance à toute épreuve, un abandon total de leur libre arbitre.

Inconnu à cette adresse / nouvelle de Kressmann Taylor, À vue d'œil, 2000
date de parution originale, aux États-Unis (*Address unknown*) : 1938

Cette correspondance épistolaire fictive dure du 12 novembre 1932 au 3 mars 1934 ; elle concerne deux amis, Martin Schulse, 40 ans, marié et père de trois garçons, et Max Eisenstein, 40 ans, célibataire ; ils sont associés de longue date dans un commerce de tableaux à San Francisco, la Galerie Schulse-Eisenstein. Max est Américain, d'origine juive. Martin est allemand, et retourne en Allemagne pour y vivre. Il est de plus en plus attiré par le nazisme, et monte en grade dans la société nazie ; en 1933, il renie son amitié pour Max et lui fait savoir qu'il ne veut plus correspondre avec un Juif. La lecture du courrier par la police politique allemande sera fatale à Martin.

Matin brun / roman de Franck Pavloff, Cheyne, 2002 (réédité en 2010)

Charlie et son copain vivent une époque trouble, celle de la montée d'un régime politique extrême : l'État Brun. Au quotidien, ils vivent d'une façon bien ordinaire, en buvant des bières et en jouant aux cartes. Ils ne sont ni des héros, ni des êtres haïssables. Pour éviter les ennuis, ils détournent les yeux. Ils sont le miroir de mille petites lâchetés accumulées dans notre quotidien, anodines en apparence, mais dont nous ne pouvons mesurer ni les enjeux ni les conséquences.

59. Réalisateur : Henri Verneuil, 1979.

Glossaire

Aïd el Fitr : Fête musulmane qui marque la rupture du jeûne du mois de ramadan.

Aïd el Kébir : Fête musulmane, qui commémore la soumission d'Ibrahim (qui correspond à Abraham dans la Bible) à son Dieu : selon l'islam, l'ange Jibril (Gabriel) a placé un mouton à la place d'Ismaël, le fils d'Ibrahim, que ce dernier s'apprêtait à immoler car il en avait reçu l'ordre divin ; le mouton sera sacrifié à la place du jeune homme. Cette fête qui célèbre la foi et la miséricorde, se situe au même moment que la fin du pèlerinage aux lieux saints de La Mecque (« Hajj »).

Animisme : Croyance qui attribue une âme aux éléments de la nature (plantes, animaux, objets), et selon laquelle des liens étroits et sacrés relient les êtres humains aux défunts et à la nature.

Antisémitisme : Hostilité ou haine à l'égard des Juifs.

Athéisme : Doctrine qui nie l'existence de Dieu et de toute divinité.

Bible : Livre qui comprend l'Ancien Testament (considéré comme un livre saint par les religions juive et chrétienne) et le Nouveau Testament (considéré comme un livre saint par les Chrétiens).

Catholiques : Chrétiens soumis à l'autorité du Pape (chef de l'Église catholique et chef de l'État du Vatican) ; le clergé de l'Église catholique est très hiérarchisé (cardinaux, archevêques, évêques, curés, diacres).

Charia : Loi islamique, qui régit la vie religieuse, politique, sociale et individuelle ; elle est appliquée de façon stricte par les tribunaux dans certains États musulmans, où la loi civile se confond avec la loi religieuse.

Charte de la laïcité à l'école : Charte créée par le ministère de l'Éducation nationale (circulaire n° 2013-144 du 6-9-2013, publiée au Bulletin officiel de l'Éducation nationale n° 33 du 12 septembre 2013) ; cette charte, dont la dimension pédagogique et sociale est primordiale, se fonde sur des textes législatifs et règlementaires ; mais elle n'a pas, en elle-même, de valeur normative ni juridique.

Chef de gouvernement : L'ensemble des ministres constitue le gouvernement ; son chef est le Premier ministre, appelé « chancelier » dans certains pays. Aux États-Unis, c'est le chef de l'État qui est en même temps le chef du gouvernement.

Chef d'État : Le chef de l'État incarne la continuité de l'État ; c'est en général un président de la République, un roi ou une reine ; il peut aussi être empereur, sultan, émir, etc. ; le pape est le chef de l'État du Vatican ; aux États-Unis, le chef de l'État est en même temps le chef du gouvernement.

Chiites : Musulmans qui considèrent, depuis la mort du prophète Mahomet (632), son gendre Ali comme son successeur légitime pour diriger la communauté des croyants. Selon les chiites, l'imam est un descendant de la famille du prophète Mahomet et un guide indispensable de la communauté, tirant directement son autorité de Dieu.

Les chiites prônent une séparation claire des autorités politique et religieuse. Leur clergé est très structuré. En Iran, à majorité chiite, les ayatollahs ne dépendent pas du pouvoir exécutif.

Christianisme : Religion fondée sur l'enseignement et la vie de Jésus-Christ, et dont les fidèles sont les chrétiens (catholiques, orthodoxes, protestants).

Cohabitation : Situation politique dans laquelle le président de la République et le Premier ministre (issu de la majorité parlementaire) appartiennent à des partis politiques opposés.

Concordat : Traité signé entre le Saint-Siège et un État dans le but de déterminer les relations entre l'Église catholique et les autorités civiles du pays signataire.

En Alsace-Moselle, en vertu du concordat signé en 1801 entre Napoléon Bonaparte et le pape Pie VII, les ministres (prêtres, pasteurs, rabbins) des quatre cultes (catholique, luthérien, réformé et israélite) reconnus par ce traité sont salariés par l'État (ministère de l'Intérieur), et l'enseignement religieux est dispensé dans les écoles publiques. Le régime concordataire est encore en vigueur aujourd'hui dans le Bas-Rhin, le Haut-Rhin et la Moselle, car lors de la séparation des Églises et de l'État (loi de 1905), ces trois départements ne faisaient pas partie du territoire français.

Constitution : Texte juridique qui définit notamment la manière dont s'organise et se répartit le pouvoir au sein d'un État, et qui se situe au sommet de la hiérarchie des textes juridiques : ceux qui sont de rang inférieur (lois, décrets-lois, décrets, arrêtés) doivent tous être conformes à la Constitution.

Coran : Livre sacré des musulmans, contenant la doctrine islamique.

Croyance : Conviction, dont l'objet est considéré comme étant la vérité, fondée sur une dimension qui n'est pas de l'ordre du rationnel.

Démocratie : Système politique dans lequel la souveraineté appartient à l'ensemble des citoyens.

Dictature : Système politique dans lequel le pouvoir est détenu par une personne ou par un groupe de personnes qui l'exercent sans contrôle, de façon autoritaire.

Discrimination : Action de distinguer de façon injuste ou illégitime un individu ou un groupe social en le traitant différemment des autres.

Dogmatisme : Attitude qui consiste à considérer un certain nombre de principes, d'idées, d'opinions, comme des vérités incontestables.

Droit civil : Branche du droit privé qui régit les rapports entre les personnes (physiques ou morales) ; le tribunal d'instance et le tribunal de grande instance sont des juridictions civiles ; lorsqu'il s'agit de réparer un préjudice (matériel, financier, physique, moral), des dommages-intérêts sont versés à la victime par l'auteur du dommage.

Droit pénal : Droit répressif, qui peut infliger des peines pour sanctionner les infractions à la loi et à la règlementation ; ces infractions sont :
- les contraventions, jugées par le tribunal de police ;
- les délits, jugés par le tribunal correctionnel ;
- les crimes, jugés par la cour d'assises.

Dans un procès pénal, l'accusé est confronté à la société (représentée par le Ministère public, ou « parquet »).

Droits et devoirs : Ce qu'il est permis de faire (droit de...) et ce que l'on doit faire, par conformité à un ensemble de règles (législatives, morales, etc.) ; les droits et devoirs désignent aussi les obligations de la société vis-à-vis des individus (droit au logement, droit au respect de la vie privée...) et vice versa (devoir de réserve, devoir de mémoire...).

Égalité : L'égalité devant la loi (égalité en droit) est le principe selon lequel tous les individus doivent être traités de la même façon par la loi. « Égalité » n'est pas synonyme d'« identité » : les individus sont tous différents, mais aucun d'eux ne doit avoir de privilège garanti par la loi.

Faits religieux : Faits connus et/ou observables relatifs aux pratiques religieuses, aux croyances religieuses, aux organisations confessionnelles.

Ce sont des éléments de culture générale fondamentaux.

Dans le cadre d'un enseignement laïque, l'étude des faits religieux fait l'objet d'une approche historique et sociologique ; en sont exclus les débats sur le degré de vérité de telle ou telle croyance et les jugements de valeur ayant pour objet des croyances.

Fanatisme : Zèle aveugle et inconditionnel au service d'une cause, d'une doctrine, d'une personne. Le fanatisme consiste avant tout en un asservissement de la pensée qui empêche toute remise en question des idées et des paroles de celui en qui on a reconnu un guide idéologique.

Fraternité : Sentiment d'amitié et lien de solidarité à l'échelle d'un groupe de personnes, d'une nation, de l'humanité.

Inquisition : Tribunal créé par l'Église catholique pour faire respecter le dogme religieux et combattre les « hérétiques » ; cette juridiction (qui fonctionna du XIIIe au XVIe siècle) appliquait des sanctions allant de la peine spirituelle (prières, pénitences) à la condamnation à mort (beaucoup d'hérétiques furent condamnés au bucher).

Islam : Religion prêchée par Mahomet, fondée sur le Coran, et dont les fidèles sont les musulmans.

Judaïsme : Religion du peuple juif, descendant des Hébreux.

Laïcité : Système qui :

– garantit la liberté de conscience de chaque individu ;

– garantit l'égalité des droits de tous les citoyens, quelles que soient leurs convictions ou leurs options spirituelles ;

– respecte et autorise toutes les croyances, sans en favoriser aucune, car son fonctionnement est neutre à leur égard ;

– assure la séparation de la société civile et de la société religieuse, l'État n'exerçant aucun pouvoir religieux et les Églises aucun pouvoir politique.

Liberté de conscience : Liberté de croire ou de ne pas croire, de pratiquer sa religion, de se convertir à une autre religion, de ne pas avoir de religion ou de considérer le doute comme la seule réponse aux questions concernant les croyances religieuses.

Liberté de religion : Liberté de pratiquer le culte de son choix, d'avoir la religion de son choix.

Monarchie absolue : Le monarque exerce un pouvoir sans limite constitutionnelle.

Monarchie constitutionnelle : L'étendue des pouvoirs du monarque est définie par la Constitution (qui peut être écrite ou relever de l'usage, de règles coutumières non codifiées, ou de la jurisprudence).

Parmi les 27 pays de l'Union européenne, 6 sont des monarchies : la Belgique, le Danemark, l'Espagne, le Luxembourg, les Pays-Bas, la Suède. Les pouvoirs des monarques – rois, reines, ou grand-duc (au Luxembourg) – sont variables selon les pays, mais ils sont en général très peu étendus : le monarque (chef de l'État) règne mais ne gouverne pas ; ce sont des monarchies parlementaires : le gouvernement est responsable devant le parlement.

Monarchie de droit divin : Selon les croyances des sociétés concernées, le monarque tient son pouvoir de Dieu et ce pouvoir est justifié par un choix divin.

Monothéisme : Croyance en un dieu unique ; les religions juive, chrétienne et musulmane sont les principales religions monothéistes.

Morale : La morale a pour objet la distinction entre le « bien » et le « mal » ; elle s'appuie sur des valeurs reconnues dans une société donnée ; c'est pourquoi ce terme implique une dimension plus collective que son synonyme « éthique », qui s'appuie sur des valeurs plus personnelles.

Morale civique : Morale qui concerne le citoyen, notamment son respect pour le fonctionnement de la collectivité dans laquelle il vit.

Neutralité : Attitude qui consiste à s'abstenir d'afficher ses propres convictions et de faire état de préférences.

En France, l'État est neutre à l'égard des convictions religieuses ou spirituelles, et les enseignants ont un devoir de stricte neutralité dans l'exercice de leurs fonctions : devant les élèves, ils ne doivent pas exprimer leurs convictions personnelles, politiques ou religieuses ; mais ni l'État ni l'école ne doivent être neutres à l'égard des valeurs de la République et des Droits de l'Homme, sur lesquels ils appuient leur action, notamment en matière de justice et de pédagogie.

Noël : Fête qui, dans la religion chrétienne, le 25 décembre, célèbre la « Nativité », la naissance de Jésus à Bethléem.

Orthodoxes : Chrétiens appartenant aux Églises « des rites d'Orient », séparées de l'Église catholique romaine au XIe siècle.

Pâques : Fête qui commémore, selon le christianisme, la résurrection de Jésus. Elle est célébrée, entre le 22 mars et le 25 avril, le premier dimanche après la première pleine lune du printemps.

Pâque juive : La Pâque juive se situe en mars ou avril ; elle commence le jour de la pleine lune du mois de « nissan » (premier mois lunaire du printemps) et dure une semaine ; elle commémore, selon le judaïsme, le miracle de la libération du peuple juif, sorti d'Égypte (où il était esclave du pharaon) en traversant la mer Rouge à pied sec.

Pentecôte : Fête chrétienne célébrée le 7e dimanche après Pâques, pour commémorer la descente du Saint-Esprit sur les apôtres, selon le christianisme.

Polythéisme : Croyance en l'existence de plusieurs dieux.

Prosélytisme : Ensemble d'actions ayant pour objectif de faire adhérer d'autres personnes à ses propres convictions. Interdit en France dans le cadre de l'école et des services publics, le prosélytisme politique, religieux ou athée ne l'est pas hors de ce cadre, à condition qu'il ne s'accompagne pas de harcèlement ni de violence.

Protestants : Chrétiens issus, directement ou non, de la « Réforme », de la séparation créée au XVIe siècle par Martin Luther qui s'opposait à l'Église catholique en :

– dénonçant les agissements de celle-ci, notamment la vente des « indulgences » (pour financer la construction de la basilique Saint-Pierre au Vatican, on assurait aux fidèles, moyennant une somme d'argent, l'accès de leurs défunts au Paradis) ;

– refusant l'autorité du pape et de la hiérarchie ecclésiastique, le culte des Saints et l'idée du purgatoire, estimant que chaque croyant n'est soumis qu'à sa propre conscience et doit pouvoir, sans intermédiaire, accéder à la Bible et s'adresser à Dieu.

Racisme : Théorie selon laquelle il existerait au sein de l'espèce humaine des races supérieures à d'autres. En France, la discrimination raciale et l'incitation à la haine raciale sont des délits.

Ramadan : Le mois du ramadan est, dans la religion musulmane, une période durant laquelle le jeûne doit être respecté du lever au coucher du soleil (sauf pour les femmes enceintes, les personnes âgées, les enfants et les malades).

Relativisme : Doctrine selon laquelle l'idée du bien et du mal, les valeurs morales ou esthétiques dépendent des circonstances et sont variables en fonction des époques et des sociétés.

Religion d'État : Religion officiellement adoptée par un État. Selon les pays, elle peut être la seule religion autorisée ou bien simplement jouir de certains avantages (financiers par exemple), les autres cultes étant libres.

République : Système politique dans lequel la souveraineté appartient au peuple qui exerce le pouvoir directement ou par l'intermédiaire de représentants élus, et dans lequel la fonction de chef d'État n'est pas héréditaire.
Environ 70 % des pays du monde sont désignés par le terme « république » ; beaucoup d'entre eux ont un régime politique démocratique, mais l'emploi du terme « république » ne suffit pas à garantir qu'un État soit démocratique : il peut être employé abusivement par des pays dont le régime est dictatorial, théocratique, oligarchique.

Rosh Hashana : Nouvel An du calendrier hébreu, cette fête se situe en septembre ou octobre ; selon le judaïsme, elle est considérée comme le jour du jugement de l'humanité, précédant de dix jours celui du grand pardon (voir « Yom Kippour »).

Solidarité : Lien d'engagement et de dépendance réciproques entre des personnes, fondé sur une communauté d'intérêts, une nécessité d'entraide ou un sentiment de devoir moral envers les autres.

Suffrage restreint : Système dans lequel le droit de vote est réservé à une partie seulement de la population (citoyens libres, de sexe masculin dans la Grèce antique ; citoyens fortunés, en France, avant la révolution de 1848 ; hommes, en France, jusqu'en 1944).

Suffrage universel indirect : Système dans lequel une personne est élue par des personnes qui sont elles-mêmes élues au suffrage universel par l'ensemble des citoyens.

Sunnites : Musulmans qui considèrent, depuis la mort du prophète Mahomet (632), son compagnon Abou Bakr comme son successeur légitime. Pour les Sunnites, l'imam est un guide des croyants pour la prière nommé par d'autres hommes. Les autorités religieuse et politique peuvent être fondues dans la même personne. Ainsi, au Maroc, majoritairement sunnite, le roi est « commandeur des croyants », et toute atteinte à sa personne est considérée comme sacrilège.

Torah : Enseignement divin transmis par Moïse, selon le judaïsme, au travers des cinq premiers livres de la Bible (appelés « Pentateuque » par les Chrétiens) ; la Torah contient 613 commandements.

Totalitarisme : Système politique fondé sur un régime à parti unique, n'admettant aucune opposition, et dans lequel l'État tend à confisquer la totalité des activités de la société et à imposer à tous les citoyens l'adhésion à une idéologie obligatoire.

Valeur : « Ce qui est vrai, beau, bien, selon un jugement personnel plus ou moins en accord avec celui de la société de l'époque » (*Dictionnaire Le Robert*). Cette définition met en évidence le caractère à la fois positif et relatif de ce terme. Au plan pédagogique, il est important :

– de partir très souvent des « antivaleurs » (injustice, racisme, discrimination, totalitarisme, fanatisme, ...) pour donner du sens aux concepts qui expriment des « valeurs » (justice, dignité, égalité, démocratie, liberté de pensée, ...) ;

– d'avoir conscience des limites des valeurs (exemples : jusqu'où doit-on faire preuve de tolérance ? de qui doit-on être solidaire, et dans quel but ? la liberté d'expression permet-elle de dire tout ce qu'on pense ?) ;

– d'évoquer des conflits de valeurs, sources de dilemmes moraux.

Yom Kippour : Fête du judaïsme considérée comme la plus sainte dans cette religion ; c'est le « Jour du Grand Pardon », consacré à la repentance et à la réconciliation ; il se situe en septembre ou en octobre, selon les années ; les fidèles le célèbrent par un jeûne et divers rites.

Bibliographie

BIDAR Abdennour, *Plaidoyer pour la fraternité*, Albin Michel, 2015

BOYER Louis, *Le Livre de Morale des écoles primaires et des cours d'adultes*, Éditions des Équateurs, 2011, p.66 – Édition originale : Librairie classique internationale A. Fouraut, 1895

COHEN Albert, *O vous, frères humains*, Gallimard, 1972

CORENTIN Philippe, L'Afrique de Zigomar, L'École des loisirs, 2001

DEBRAY Régis, *L'enseignement du fait religieux dans l'école laïque – Rapport au ministre de l'Éducation nationale*, Odile Jacob, Scérén, 2002

DEBRAY Régis et LESCHI Didier, *La laïcité au quotidien – Guide pratique*, Gallimard, Collection folio, 2016

DEDIEU Thierry, *Yakouba*, Seuil, Collection *Seuil Jeunesse*, 1994

HESS Pierre, *Méthodes et contenus pour l'éducation civique – 500 problèmes au cycle des approfondissements, en 6e et 5e*, CNDP, 1993

HESS Pierre, *Des situations pédagogiques introduites par des récits et des dilemmes*, in *L'instruction morale à l'école*, Scérén – CNDP, collection *Ressources Formation – Enjeux du système éducatif*, 2012, pages 234 à 279

HESS Pierre et PERGE Ariane, *Développer des compétences sociales et civiques au cycle 3 – Un autre regard sur l'instruction civique et morale,* Scérén – CNDP, 2012

Inspection académique de Strasbourg, *L'enseignement de la morale laïque*, circulaire - avril 2010

KRESSMANN TAYLOR Kathrine, *Inconnu à cette adresse*, À vue d'œil, 2000 ; date de parution originale, aux États-Unis (*Address unknown*) : 1938

LAVISSE Ernest, *Histoire de France – Cours élémentaire*, 1926, Armand Colin, 21e édition

LEICHTER-FLACK Frédérique, *Le laboratoire des cas de conscience*, Alma, 2012

Ministère de l'Éducation nationale, *École élémentaire – Programmes et instructions*, 1985 (préfacé par Jean-Pierre Chevènement)

Ministère de l'Éducation nationale, *Instruction morale à l'école primaire*, circulaire n° 2011-131 du 25-8-2011, publiée au Bulletin Officiel de l'Éducation nationale du 1er septembre 2011

Ministère de l'Éducation nationale, *Charte de la laïcité à l'école*, circulaire n° 2013-144 du 6-9-2013

Ministère de l'Éducation nationale, *Livret Laïcité*, juin 2015

Ministère de l'Éducation nationale, *Programme d'enseignement moral et civique pour l'école élémentaire et le collège (cycles 2, 3 et 4)*, Bulletin officiel de l'Éducation nationale spécial n° 6 du 25 juin 2015

Ministère de l'Education nationale, Bulletin officiel n° 30 du 26/07/2018 : *Programme d'Enseignement moral et civique*

OZOUF Mona, *Colloque national sur l'Histoire et son enseignement*, Montpellier, 1984

PAVLOFF Franck, *Matin brun*, Cheyne, 2002 (réédité en 2010)

PEILLON Vincent, *Refondons l'école*, Seuil, 2013

REBOUL Olivier, *L'endoctrinement*, PUF, 1977

REBOUL Olivier, *Qu'est-ce qu'apprendre ?*, PUF, 1980

REBOUL Olivier, *Les valeurs de l'éducation*, PUF, 1992

SAINT-EXUPERY (de) Antoine, *Terre des Hommes*, Gallimard, 1939, Collection *Folio*, 1995

SCHMITT Eric-Emmanuel, *Les deux messieurs de Bruxelles*, Albin Michel, 2012

STRASSER Todd, *La vague*, Pocket, 2009

TREVIDIC Marc, *Terroristes – Les 7 piliers de la déraison*, Lattès, Collection *Le Livre de Poche*, 2013

Remerciements

Pour la rédaction du chapitre « La liberté de conscience », Nora SAYAH, enseignante, anthropologue, a fourni une aide précieuse, et les indications apportées par Nicolas PRECAS et Bernard DAULIAC, notamment sur le bouddhisme, ses origines, les croyances et les pratiques de ses adeptes, ont été très appréciables.

Qu'ils soient tous trois chaleureusement remerciés pour avoir partagé leur savoir et leur expérience, et avoir apporté une contribution permettant d'affiner la réflexion et les échanges autour de questions particulièrement délicates.

Présentation des ressources numériques

Téléchargez toutes les ressources nécessaires à la mise en œuvre des séances – outils individuels et collectifs, imprimables et/ou vidéoprojetables :

- documents d'études

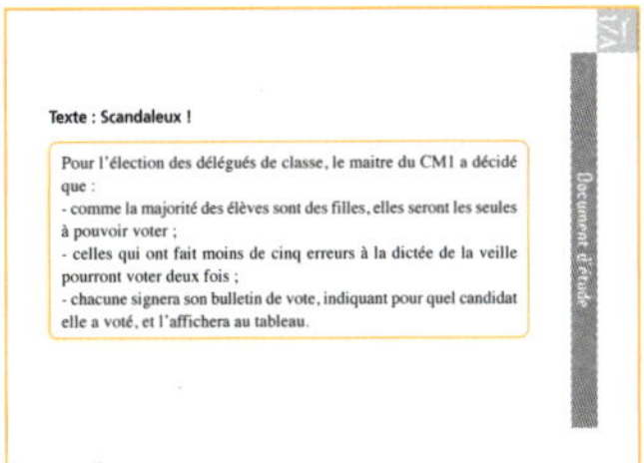

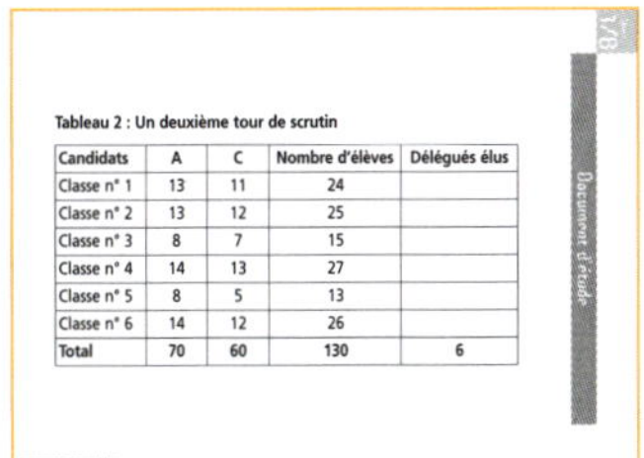

Candidats	A	C	Nombre d'élèves	Délégués élus
Classe n° 1	13	11	24	
Classe n° 2	13	12	25	
Classe n° 3	8	7	15	
Classe n° 4	14	13	27	
Classe n° 5	8	5	13	
Classe n° 6	14	12	26	
Total	70	60	130	6

- fiches activités

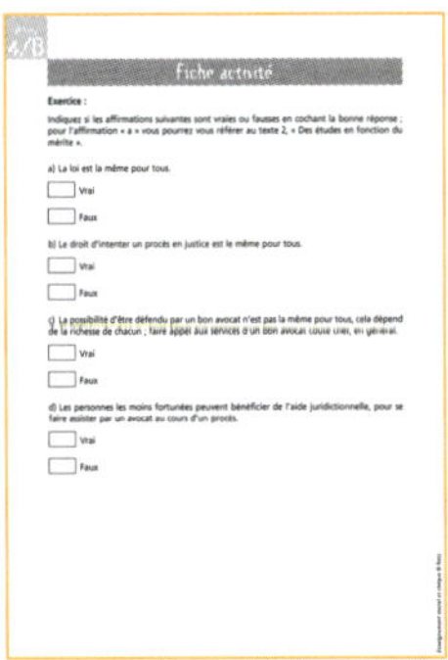

- fiches évaluations

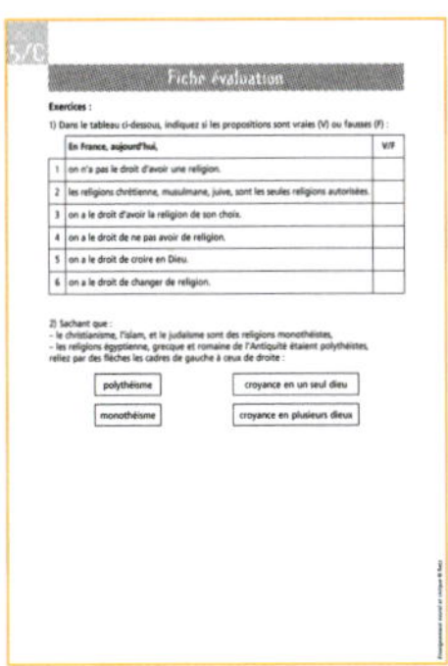

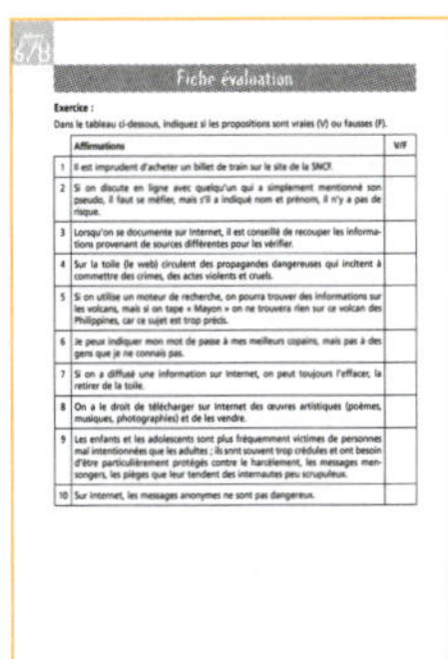

Pour télécharger ces ressources (PDF), rendez-vous page 2 de couverture

Cet ouvrage suit l'orthographe recommandée
par les rectifications de 1990 et les programmes scolaires.

Voir le site
http://www.orthographe-recommandee.info
et son miniguide d'information.

Direction éditoriale : Céline Lorcher
Mise en page : STDI
Corrections : Florence Richard

N° de projet : 10268924 - Dépôt légal : octobre 2020 – Achevé d'imprimer en France en octobre 2020 sur les presses de l'imprimerie Chirat